bebé inteligente

bebé inteligente

Dra. Carol Cooper

con fotografías de Daniel Pangbourne

Grijalbo

Para tres jóvenes increíbles

DISEÑADORA EJECUTIVA Sonya Nathoo
EDITORA EJECUTIVA Henrietta Heald
BÚSQUEDA DE LOCALIZACIONES Emily Westlake
PRODUCCIÓN Patricia Harrington
DIRECCIÓN DE ARTE Anne-Marie Bulat
DIRECTOR EDITORIAL Alison Starling

ESTILISMO Catherine Woram

Coordinación editorial de la edición española:
Bettina Meyer
Fotocomposición: Víctor Igual, S. L.

ISBN: 978-84-253-4153-3

Impreso y encuadernado en China

GR 4 1 5 3 1

Ni la autora ni la editorial podrán ser
consideradas responsables de las demandas
relacionadas con el uso correcto o incorrecto
de las sugerencias que aparecen en el libro.
Se ha hecho todo lo posible para garantizar
que la información recogida en el libro
es exacta y está actualizada, pero se trata
únicamente de consejos y no debe utilizarse
como alternativa a lo prescrito por su médico
o especialista.

sumario

¿ES INTELIGENTE TU BEBÉ?

Mira a tu alrededor y descubrirás que no hay dos bebés iguales. Algunos están contentos y raramente lloran, mientras que otros parece que solo saben gimotear o gritar. Su aspecto físico también es muy distinto; unos son larguiruchos y delgados, otros, regordetes y rechonchos. Esas suelen ser las características que los padres comentan con más frecuencia. El aspecto del niño y su necesidad de ser consolado son factores importantes, por supuesto, porque influyen en las primeras interacciones entre padres e hijos, y además afectan a las horas de sueño de que podremos disfrutar.

Pero lo más probable es que a continuación hables de lo inteligente que es tu bebé. Después de todo, la inteligencia es lo que ayudará al niño a destacar en el colegio y a triunfar en la vida. En este mundo competitivo y de ritmo trepidante, la inteligencia ayuda a los individuos a alcanzar el éxito. Según lo inteligente que sea el bebé, destacará más o menos en su profesión y, si eres muy afortunado, podrá desarrollarse como persona y vivir una vida plena.

¿Qué significa exactamente la palabra *inteligencia*? Ser inteligente no solo implica ser capaz de leer pronto, hacer sumas difíciles y pasar con éxito los tests de inteligencia. También comporta tener inteligencia emocional, esa mezcla de sentido común y habilidades sociales sin la cual los talentos especiales pueden desvanecerse en el aire. Es esa inteligencia global la que ayuda al bebé a convertirse en un niño equilibrado y luego en un joven seguro, capaz de aprovechar las

oportunidades. Los niños inteligentes están alerta y se interesan por la cosas. Investigan su entorno y las personas (y animales) que hay en él. Tienen la mente despierta y les encanta comunicarse. Al principio es básicamente por medio del lenguaje corporal, pero al poco tiempo empiezan a realizar una serie de sonidos que no tardan en convertirse en palabras reconocibles. Los niños inteligentes cometen errores con frecuencia, sin duda, pero aprenden de ellos. Siempre hay algo que descubrir y sacan provecho de todo.

Los tres primeros años de vida no constituyen un período de grandes logros académicos, no tienen por qué serlo. Sin embargo, son años importantísimos. Durante este tiempo, los bebés no solo viven acontecimientos que marcan un hito en su existencia y se hacen más independientes, sino que además su cerebro se vuelve más complejo a causa de una importante red de células cerebrales que representan lo que han aprendido hasta el momento y determinan lo que aprenderán en años venideros. A los tres años, los bebés han sentado las bases de todo su aprendizaje futuro.

¿De dónde proviene la inteligencia? «Tiene los ojos de su padre», dice la gente de un niño concreto, o quizás el parecido sea con el pelo de su madre o las manos de su abuela. Al igual que las características físicas, los rasgos intelectuales y emocionales pueden heredarse, y a veces es muy evidente de qué miembro de la familia los ha adquirido el niño. Pero estos rasgos intelectuales y emocionales son mucho más complejos, y por tanto están menos definidos que los físicos.

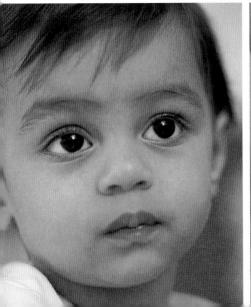
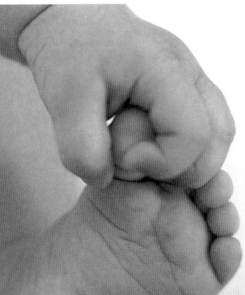

Los recién nacidos no son pizarras en blanco, porque nacen con su propio juego de material genético, la mitad de cada progenitor. Indudablemente, tener unos buenos genes, de entrada, es mejor, pero la educación y la crianza desempeñan un papel clave en el desarrollo intelectual. De lo contrario, lo que hiciéramos (o dejáramos de hacer) los padres no importaría, y está claro que eso no es así. Incluso los niños que consiguen puntuaciones altas en los tests de inteligencia pueden mejorar si los padres y la escuela utilizan el método adecuado.

Hace años que se discute si lo importante es la naturaleza o la crianza, pero la realidad es que el desarrollo depende de ambas. Tal y como dicen los psicólogos del desarrollo, se trata de una interacción entre los genes y el entorno. Los genes proporcionan la materia bruta, pero los padres procuran el entorno que ayuda a construir la estructura. Los padres pueden hacer mucho para que su hijo desarrolle al máximo su potencial, y de eso trata precisamente este libro.

El desarrollo de un cuerpo sano Existen muchas formas de ayudar a un bebé a ser más inteligente. Alimentarlo de forma adecuada es un buen punto de partida. Es importante que esté bien nutrido incluso antes de nacer, y durante mucho tiempo después. El desarrollo de un cerebro sano depende de un buen suministro de grasas esenciales, proteínas y minerales. Como ocurre con el resto del cuerpo, el cerebro funciona con glucosa, de modo que obtener las calorías suficientes resulta igualmente esencial. Por ese motivo, la capacidad de concentración de cualquier persona puede disminuir cuando lleva un rato sin comer.

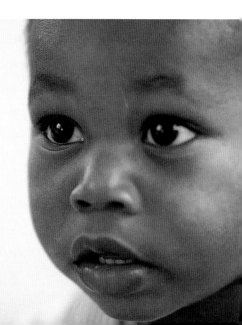

El uso de todos los sentidos Los bebés utilizan todo tipo de estímulos para desarrollarse, desde el tacto, la vista, el oído, el olfato y el gusto hasta formas más complejas de estimulación. Los padres les proporcionan muchos de ellos, pero los niños descubren otros por sí mismos, así que deben explorar su entorno sin demasiadas restricciones. El bebé que se pasa la mayor parte del día tumbado en la cuna o el cochecito ve y oye muy poco, y no aprenderá prácticamente nada. La cantidad de estímulos debe ser la apropiada. El exceso puede confundir al pequeño y no resulta útil. Si bombardeamos al niño con cosas nuevas acabaremos aburriéndole y haciendo que se sienta intranquilo, en vez de convertirlo en superlisto. De todos modos, no tiene ningún sentido, porque los niños no aprenden algo hasta que no están preparados. Por eso este libro está organizado cronológicamente, desde el nacimiento hasta la edad de tres años.

El lenguaje Cuando los bebés aprenden a hablar, aprenden cómo suenan las palabras y lo que significan, por supuesto. Pero también aprenden a interactuar socialmente. Y lo que es más importante, el lenguaje amplía su pensamiento. El poder de la palabra ensancha los horizontes del niño y cambia su vida. Sencillas preguntas como «por qué» y «cómo» se convierten en claves con las que el niño accede a las grandes ideas.

El movimiento La actividad física es básica para el aprendizaje. Los bebés pueden adquirir conocimientos sin apenas mover un músculo, como les ocurre a algunos niños con necesidades

especiales, pero les resulta mucho más fácil si utilizan su cuerpo al máximo. El desarrollo del movimiento permite a los bebés incrementar el equilibrio y la coordinación, y armonizar el movimiento de la mano y la vista para manipular su entorno y hacer cosas. Hacer y construir cosas estimula la creatividad y facilita el aprendizaje de las matemáticas y de la física básica. Estar físicamente activo también resulta beneficioso para la salud, y ello a su vez fomenta una mente activa.

Tú y el amor por tu bebé Los bebés aprenden por imitación desde el principio, de modo que lo que hagas como padre o madre influye enormemente en el desarrollo de tu hijo. Con tan solo un día de vida, los bebés son capaces de imitar los movimientos que los adultos hacemos con la boca. Más adelante, imitan el habla. Los bebés aprenden sobre todo a través de la manipulación, pero también con la observación. Los humanos, al igual que los monos, tenemos algunas células cerebrales que se estimulan cuando observamos a alguien haciendo algo. Quizás se trate de una preparación para que el aprendiz sea capaz de realizar dicha acción algún día. En resumen, todo lo que un bebé ve hacer a sus padres le enseña algo, de modo que vale la pena intentar ser un buen modelo para ellos.

Si tuviera que escoger una sola cosa para estimular el intelecto de mi pequeño, sin duda escogería el amor. La relación que los padres establecen con su bebé determina todas las relaciones que el niño tendrá luego a lo largo de su vida. El hecho de saberse amado y aceptado por ti le proporciona la seguridad que necesita para desarrollarse. Aunque cueste creerlo, un simple abrazo puede calmar la respiración del bebé y regular su ritmo cardíaco. El amor y la proximidad también estimulan el desarrollo del cerebro, sobre todo de algunas partes, como la corteza orbitofrontal, que tiene que ver con las habilidades sociales. Amar al bebé significa reaccionar de forma positiva y elogiarle cuando sea posible. De esta forma, tu bebé tendrá un entorno seguro en el que aprender. Es normal que los bebés cometan errores de vez en cuando. Cuando se equivoque deberás hacérselo saber, pero también deberás hacerle ver con amor y comprensión que está bien aprender de esos errores.

CAROL COOPER

primeros logros

El desarrollo no es una serie de obstáculos, sino un proceso fluido, pero a los padres nos gusta saber más o menos qué cosas debemos esperar en cada momento. No todos los bebés consiguen hacer las mismas cosas a la misma edad, de modo que estos datos son orientativos, igual que los cuadros que aparecen al principio de cada capítulo.

6 semanas	primera sonrisa social
8 semanas	mejora el control de la cabeza • articula sonidos vocálicos
12 semanas	juega con los dedos • coge objetos que están a mano pueden alargar la mano hacia objetos que se mueven
4 meses	tiene un buen control de la cabeza • balbucea y hace gorgoritos se ríe entre dientes y abiertamente
5 meses	se apoya sobre los codos cuando está tumbado boca abajo estando boca arriba se pone de lado y estando de lado se pone boca arriba puede sostener un objeto en la mano durante varios minutos
6 meses	alarga la mano de forma más precisa • se aguanta sentado manifiesta cariño por los padres • puede mostrarse tímido con los desconocidos
7 meses	se arrastra hacia delante con la ayuda de los brazos se pasa objetos de una mano a la otra • busca brevemente los objetos que deja caer junta sonidos para construir dos sílabas
8 meses	coge con el índice y el pulgar • juega solo a veces empieza el aprendizaje sobre el mundo real
9 meses	puede gatear • señala cosas • responde a su propio nombre entiende la permanencia de personas y cosas

10 meses	se pone de pie • deja caer cosas expresamente dice su primera palabra
11 meses	se mantiene de pie con ayuda • anda de lado cogiéndose en los muebles imita a los padres
12 meses	anda cogido de ambas manos • puede sentarse estando de pie da besos si se lo piden • usa tres palabras seguidas con sentido
15 meses	anda sin ayuda • puede comer solo con una cuchara • lanza la pelota hace torres de dos piezas • empieza el juego simulado • balbucea largo y tendido
18 meses	hace garabatos • es imaginativo • pasa las páginas de un libro tiene un vocabulario de unas cuarenta palabras • hace frases de dos palabras
21 meses	hace torres de cinco o seis piezas • utiliza algo de lógica construye frases de tres palabras
2 años	corre y trepa • se pone los calcetines y los zapatos • copia una línea recta • reconoce la sensación de tener el vientre o la vejiga llenos • es muy sociable, pero tiene rabietas recuerda cosas que han ocurrido la semana o el mes anterior • conoce su sexo • utiliza pronombres y palabras en plural • tiene un vocabulario de unas doscientas palabras
2 años y medio	salta con los pies juntos • puede andar de puntillas • coge el lápiz como un adulto empareja objetos relacionados • comprende la imagen corporal • se interesa por sus genitales • comprende conceptos como *dentro*, *fuera*, *arriba* y *abajo* • pregunta «¿por qué?»
3 años	monta en el triciclo usando los pedales • trepa bien • dibuja de forma espontánea copia un círculo • conoce muchos colores • puede contar hasta cinco y reconoce algunas letras • sabe los años que tiene • comprende prácticamente todo lo que dicen los padres tiene sentido del tiempo • aprende a compartir y a hacer turnos empieza a hacer amigos fuera del ámbito familiar

el desarrollo y el aprendizaje del bebé

descubre lo mejor de tu bebé

Para fomentar la inteligencia de tu bebé no necesitas ningún equipamiento especial ni tampoco un doctorado en psicología infantil. Más que juguetes caros y títulos académicos, lo realmente importante es adoptar la actitud adecuada y aplicar los conocimientos prácticos con delicadeza.

Paciencia e información

Para descubrir lo mejor de tu bebé la clave está en prestar mucha atención a sus necesidades, tanto emocionales como físicas. Todos los bebés dan lo mejor de sí en un entorno seguro donde se sienten queridos.

No siempre es fácil ser padres, pero vale la pena hacer el esfuerzo de ser paciente. Algunos días resultarán más duros que otros, sin embargo, debes intentar no descargar tu frustración criticando a tu bebé o a tu hijo en exceso, o haciendo comentarios sarcásticos. Este tipo de trato puede resultar realmente ofensivo para tu pequeño; es mucho mejor animar al bebé para que crezca a gusto consigo mismo.

Cuando quieras recompensarle, dedícale especial atención en vez de hacerle un regalo o darle chucherías. Tu pequeño se sentirá mucho más estimulado y querido. El desarrollo intelectual, emocional e incluso físico de tu bebé depende básicamente de su relación contigo.

Experiencias compartidas

Pasa todo el tiempo que puedas haciendo cosas con tu bebé, en vez de ignorarlo para poder seguir con aquello que quieres o tienes que hacer. Mantén con él conversaciones sobre cosas corrientes del día a día e involúcralo en tu vida. A veces te faltará tiempo, de modo que te resultará difícil poner estas ideas en práctica. No obstante, puedes sacar el máximo partido de los ratos que pases con tu bebé y aprovechar cualquier oportunidad que se presente, incluso mientras haces las actividades cotidianas. Mientras le das de comer, le cambias el pañal, le bañas y haces la compra o las tareas de casa, puedes, además, estimular a tu bebé e interactuar con él.

Actividades adecuadas

Las actividades que hagáis juntos deben ser divertidas. A los bebés les gusta tener el día más o menos organizado, pero dentro de ese marco es preferible ser espontáneo en lugar de imponer un programa estricto. Debes estar abierto y ser flexible. Todos los niños son distintos, incluso cuando se trata de gemelos idénticos. Déjate guiar por tu bebé y ten en cuenta su estado de ánimo. Solo aprenderá cuando esté receptivo. A veces se mostrará alegre, curioso y sediento de estimulación, y otras no. Y así debe ser. Necesita recargar las pilas, como tú.

Déjale crecer

A medida que crece, el bebé se hará más independiente, y tú debes estar pendiente de los peligros y pensar en su seguridad dentro y fuera de casa. Sin embargo, a medida que pasa el tiempo, el bebé debe hacer cada vez más cosas por sí mismo, ya sea jugar con piezas de construcción o aprender a vestirse. Tu contribución sigue siendo importante, pero es esencial dejar que haga las cosas solo. Aunque pueda parecerte tentador, resiste el deseo de convertirte en un «padre helicóptero» de los que planean continuamente sobre su pequeño.

Un buen equilibrio

La mayoría de los padres andan escasos de tiempo, sobre todo aquellos que trabajan fuera de casa. Si te preocupa que eso pueda influir negativamente en el desarrollo de tu hijo, ten presente que el hecho de que lo cuiden también otras personas tiene sus ventajas.

La diversidad de experiencias enriquece el desarrollo emocional y social del pequeño. Además, le ayuda a aprender que puede pasarlo bien incluso cuando tú no estás. Después del trabajo, procura estar con tu hijo, y no sufras, ya que parece realmente cierto que lo importante es dedicarle «tiempo de calidad».

Si trabajas fuera de casa, tu contribución al desarrollo del bebé puede ser ligeramente distinta a la del progenitor que está siempre en casa, pero aun así es posible conseguir un buen equilibrio. A la larga, ver que te sientes realizado y satisfecho puede servirle de estímulo para sus propios logros.

Hazle sentir seguro

Intenta proteger al bebé de los conflictos. La estabilidad emocional es tremendamente importante para el desarrollo de un niño, y cualquier amenaza a su seguridad puede influirle mucho. Si tú y tu pareja soléis discutir, o existen otros problemas en tu vida, haz todo lo que puedas para que el niño permanezca al margen.

el aprendizaje por medio del juego

El juego es una actividad divertida, por supuesto, pero también un asunto muy serio. Como dicen muchos pedagogos, es el trabajo del niño. Esta observación la hizo por primera vez la doctora Maria Montessori, precursora de la pedagogía en el siglo XIX.

El descubrimiento del mundo

Los niños utilizan el juego para descubrir su entorno inmediato y para aprender cómo funciona. El juego ayuda a sentar los cimientos de los aprendizajes futuros del niño. De hecho, los bebés con pocas experiencias de juego pueden tener problemas para aprender más adelante. Por tanto, si deseas que tu pequeño desarrolle todo su potencial académico, debes dejar que juegue ahora.

El juego estimula los sentidos, sobre todo la vista, el oído y el tacto. Mejora la capacidad de observación del bebé y le ayuda a desarrollar la coordinación y otras habilidades. Gracias al juego, el niño realiza importantes descubrimientos sobre el mundo material y las leyes de la naturaleza.

Experiencia de primera mano

Los niños pequeños aprenden mucho más de las experiencias directas que de las enseñanzas formales; cuanto más pequeño es el niño, más obvio resulta. En los años veinte, mucho antes de que la televisión se convirtiera en un aparato corriente, Jean Piaget, el decano suizo en temas de desarrollo infantil, descubrió que el aprendizaje debía ser interactivo. Estudios posteriores han demostrado que los niños asimilan muchos más conocimientos jugando que, por ejemplo, viendo pasivamente un vídeo o un DVD (véanse también pp. 128-129).

Los juguetes

Los bebés necesitan una gran variedad de juguetes de distintos tamaños, formas, colores y texturas. Los juguetes más complicados (y caros) a veces son los menos divertidos y los menos útiles para el desarrollo del niño.

Tu bebé debe ejercitar su propia imaginación, no la de un diseñador de juguetes genial. Disfrutará haciendo torres y metiendo objetos en cajas. Las cosas con las que juegue no tienen por qué ser siempre juguetes. Puede divertirse con unos cazos, con una caja de cartón vacía o con unos carretes de hilo gastados. También puede hacer actividades contigo, como regar las plantas, que para él serán un juego.

Algunos juguetes invitan a tu bebé a usar la imaginación más que otros, pero con todos tu pequeño puede

EL JUEGO Y EL APRENDIZAJE COGNITIVO

La palabra *cognitivo* se utiliza mucho en el campo de la psicología y el desarrollo infantil. En líneas generales significa «relacionado con el pensamiento, el entendimiento, el conocimiento y el aprendizaje». El desarrollo cognitivo del bebé es el desarrollo de su intelecto y su capacidad de pensar y razonar. Estas habilidades están estrechamente vinculadas a las experiencias de juego del niño. El juego, además de promover las destrezas sensoriales y motoras, le permite aprender a prestar atención, a planificar e incluso a dominar el lenguaje. Existen muchas pruebas que lo sustentan. Y además, tiene sentido, ya que los niños aprenden mejor cuando están interesados.

El juego creativo, ya sea
con cubos de construcción
o pintura de dedos,
favorece la coordinación
y desarrolla la imaginación.

experimentar. Los bebés activos e inquietos suelen
encontrar nuevos usos para los juguetes que ya conocen,
y eso les enseña mucho sobre el mundo.

Los libros

Los libros resultan útiles desde el principio; puedes leerle
al bebé incluso antes de que cumpla los seis meses.
Es posible que los libros corrientes no te parezcan
interactivos, pero es que en este caso la interacción es contigo.
Tu bebé disfrutará con el ritmo de tu voz, así como con los
colores vivos de las imágenes, la posibilidad de pasar las páginas
(o de intentarlo) y, por supuesto, con la intimidad que
le proporciona estar sentado en tu regazo.

Juegos de todas clases

Cualquier juego, sea del tipo que sea, aporta algo.
El juego creativo, tanto si es con piezas de construcción
como con cubos y palas o pintura de dedos, favorece la
coordinación y desarrolla la imaginación. Tu bebé mostrará
preferencia por usar una mano más que la otra (véase
p. 106). No obstante, si usa las dos manos en determinados
juegos, estimulará ambos lados de su cerebro, algo
importante para su desarrollo.

    El juego activo y bullicioso ayuda a liberar energías
reprimidas y a canalizar la agresión de forma constructiva.
Es bueno salir un rato todos los días, porque ayuda a
estructurar el día y evita el aburrimiento. Tu bebé puede
experimentar cosas nuevas y a la vez desahogarse.

Los juegos con otros niños

Jugar con otros niños le enseña a sociabilizar, a cooperar,
a turnarse y a valorar la existencia de las reglas. Los niños
menores de tres años no harán amigos propiamente dichos,
pero aun así sigue siendo bueno para su desarrollo conocer
a otros bebés y jugar a su lado.

Juegos de imitación y fantasía

Prácticamente todos los juegos de imitación son útiles,
desde jugar con un teléfono de juguete hasta rebuscar en
una caja de disfraces. Permiten al bebé ponerse en distintas
situaciones y experimentar con ellas en un entorno seguro.

Los estudios sugieren incluso que los niños que son más
imaginativos en los juegos de fantasía son menos vulnerables
al estrés de mayores.

El juego prolongado

Los niños deben aprender a jugar de forma prolongada
en vez de saltar constantemente de una actividad a la otra.
El juego prolongado es importante para la capacidad
de concentración y de organización de tu bebé. Aunque no
lo reconoce como tal, aprender a planificar, realizar
y analizar forma parte del juego prolongado, y eso es
una destreza fundamental tanto para los años escolares
como para más adelante. Dicho esto, es igualmente
importante no obligar al bebé a jugar con algo por lo
que ya ha perdido el interés.

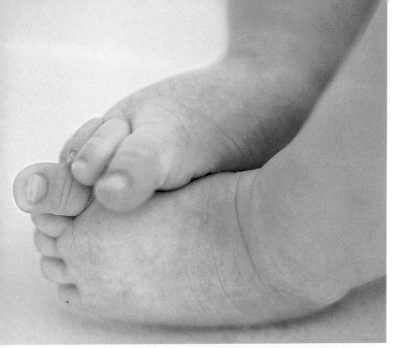
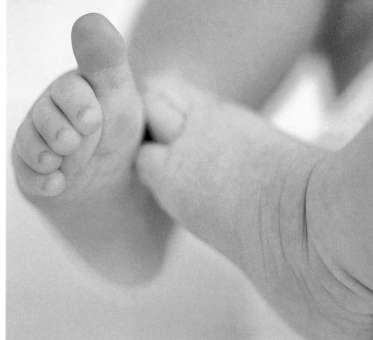

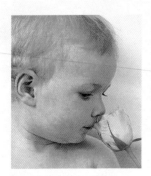

cómo funciona el desarrollo

Los padres solemos considerar que el desarrollo se constata con la superación de determinados desafíos, pero en realidad el crecimiento, ya sea emocional, físico o intelectual, es un proceso lineal y fluido.

Distintos ritmos de desarrollo

Es sabido que cada niño tiene su propio ritmo de desarrollo. Con frecuencia, los padres se fijan en lo rápido que progresa su hijo en comparación con los demás niños, pero no tenemos por qué hacerlo. Logros puramente físicos, como aprender a andar, pueden parecer signos obvios del crecimiento, y sin embargo, tienen muy poco que ver con la inteligencia del bebé.

A veces el ritmo de desarrollo es algo genético. Por ejemplo, el hecho de tardar en aprender a controlar los esfínteres puede pasar de una generación a otra. De todas formas, los bebés, por regla general, pasan por cada etapa de desarrollo según un orden predeterminado. Así pues, tu bebé aprenderá a sentarse primero y a ponerse de pie después, a hablar primero y a leer después.

De vez en cando, un bebé se salta una etapa. Algunos bebés, por ejemplo, no gatean nunca y prefieren moverse reptando, mientras que otros prefieren desplazarse arrastrando el trasero (véase también p. 72).

Conectar y aprender

En cada fase de desarrollo, algunas células cerebrales de tu bebé (llamadas también neuronas) se conectan para formar una red. Cada neurona puede conectarse con una cantidad enorme de células (cada unión se llama sinapsis). Aprender significa establecer nuevas conexiones entre las neuronas.

Toda experiencia nueva, ya sea tocar un juguete, oírte hablar, mirar por la ventana, oler una flor o probar un alimento, deja un rastro en su cerebro. Repetir la actividad refuerza las conexiones entre neuronas. Por esa misma razón, practicar una destreza nueva hace que seamos mejores en el uso de dicha destreza.

A medida que el sistema nervioso de tu bebé madura, sus nervios adquieren una capa de mielina. La mielina, en parte proteína y en parte grasa, es una sustancia que cubre los nervios y actúa como aislante, contribuyendo a conducir las señales eléctricas más rápidamente. Al nacer, muchos nervios no tienen nada de mielina. Los nervios que tenemos fuera del cerebro pueden tardar hasta dos años en desarrollar toda su dotación de mielina, lo que explica en parte que los bebés tengan tan poca coordinación física, y que no se les pueda enseñar a ir al baño hasta que tienen unos 18 meses. Los nervios dentro del cerebro tardan incluso más en desarrollarse, y no están completamente cubiertos de mielina hasta el principio de la etapa adulta, una de las razones por las que no sirve de nada esperar que los adolescentes se comporten de forma racional.

Períodos propensos

Eso significa que los bebés pueden adquirir una nueva destreza solo cuando están listos para ello. No existen períodos críticos de desarrollo estrictamente establecidos, sino períodos en los que el bebé está más preparado para dominar una determinada destreza. Así, por ejemplo, el niño está preparado para aprender a masticar alimentos sólidos alrededor de los 7 u 8 meses. Si no aprende a masticar en ese período, le costará más aprenderlo y tardará más. Asimismo, es mejor aprender a hablar cuando se es muy pequeño, por ello es importante que le hables con claridad y lentamente desde el primer momento.

Destrezas interrelacionadas

Aunque normalmente se habla de que los niños adquieren destrezas en distintas áreas de desarrollo, tales como el movimiento, el lenguaje y el entendimiento emocional, las diversas destrezas están muy interrelacionadas. Veamos un ejemplo sencillo: cuando tu bebé aprende a decir adiós con la mano, significa que domina las acciones de los músculos de la mano. Pero también que ha alcanzado un grado determinado de madurez social y emocional.

Entiende lo que significa ese movimiento de la mano y comprende que alguien se va. Por eso el desarrollo no consiste únicamente en que tu bebé haga ciertas cosas en determinados momentos. Es igualmente importante tener en cuenta lo bien que las hace, y el contexto en que escoge hacerlas.

El desarrollo del cuerpo

El desarrollo físico se produce desde la cabeza hacia abajo. Al nacer, la cabeza de tu bebé es la parte más grande de su cuerpo. Los músculos del cuello se desarrollan antes que los de la espalda, que están más abajo. Del mismo modo, los brazos aumentan de tamaño y adquieren fuerza antes que las piernas.

Cuando está aprendiendo a sentarse, es capaz de usar las manos para jugar, mientras que las piernas son poco más que estabilizadores para mantenerse erguido.

el desarrollo prenatal

Al principio tu bebé es una célula microscópica. En los ocho o nueve meses siguientes, esa célula se multiplica hasta que el bebé está formado y tiene varios miles de billones de células.

El cianotipo genético

Cada célula del cuerpo humano contiene unos 35.000 genes. Son el cianotipo genético de tu bebé en forma de ADN, un código maestro que contiene toda la información que necesita el bebé para desarrollarse hasta convertirse en adulto. Los bebés reciben la mitad de los genes de su madre y la otra mitad de su padre. Dado que hay una enorme cantidad de genes, el número de posibles combinaciones es increíblemente elevado. Así pues, los genes convierten al bebé en un ser único.

El desarrollo del cerebro

El cerebro y el sistema nervioso se forman a partir de una fila de células que hay a lo largo de la espalda del bebé cuando el embarazo alcanza más menos las tres semanas. Estas células nacen en un pliegue longitudinal, que luego forma un cilindro llamado tubo neural. El tubo neural se divide en dos partes principales. El extremo superior se convierte en el cerebro del bebé, mientras que el resto forma la médula espinal. Sus células nerviosas se multiplican rápidamente, y al poco tiempo salen de ellas unas fibras llamadas dendritas. La fibra más grande de cada célula nerviosa se llama axón, y se encarga de mandar señales eléctricas de una célula nerviosa a la siguiente.

El número de células cerebrales está prácticamente fijado antes del nacimiento, y tu bebé tiene toda su dotación alrededor de la semana 20 de embarazo. Pero el cerebro debe seguir desarrollándose. El proceso es complejo y son muchos los factores que pueden influir en él. De hecho, tu bebé tiene unos doscientos billones de células cerebrales al nacer, el doble que un adulto, y por tanto más de las que necesita. Durante su desarrollo, algunas células cerebrales se mueren. La muerte celular programada (denominada apoptosis) es normal en el desarrollo de muchos órganos. Las células cerebrales restantes establecen nuevas conexiones, y esta es la forma en que el bebé aprende (véase p. 22).

El desarrollo de las extremidades y los músculos

Las extremidades aparecen como apéndices diminutos a cada lado del cuerpo a las pocas semanas de embarazo. Luego se alargan y se hacen más grandes, y aparecen unos nódulos que con el tiempo se convertirán en los pies y las manos de tu bebé. Hacia las diez semanas de embarazo, el bebé empieza a mover los brazos y las piernas, aunque seguramente tú no lo notarás hasta que tenga unas veinte semanas. Cuando los nervios del bebé se desarrollan hasta el punto de conectarse con los músculos, sus movimientos adquieren más sentido. Da patadas, abre y cierra el puño y se chupa el pulgar. También prueba expresiones faciales como fruncir el ceño o mover los labios.

El aprendizaje en el vientre

Tu bebé toma constantemente pequeños tragos de líquido amniótico, una especie de muestra de los alimentos que comes. Al nacer, sus cerca de 10.000 papilas gustativas ya están familiarizadas con tus platos favoritos. El hecho de que el recién nacido esté ya acostumbrado al sabor de la leche de su madre seguramente facilita el amamantamiento.

Las orejas de tu bebé se forman a las 16 semanas de embarazo, por lo que desde ese momento puede oír. Crece acostumbrado al sonido de tu voz, tu corazón, los ruidos de tu estómago. Los estudios han demostrado que los bebés responden a los sonidos en el útero y los reconocen después del nacimiento. Eso es aplicable no solo a la voz de la madre, sino también a las melodías oídas en el útero, como por ejemplo las sintonías de los programas de televisión.

Es posible que lo que el bebé oye influya en su aprendizaje a largo plazo. Existen distintas opiniones al respecto, y algunos progenitores aseguran que escuchar música clásica es beneficioso para el desarrollo cerebral del feto. Hay madres que incluso intentan enseñar los números a sus bebés antes de que nazcan, golpeándose la barriga rítmicamente, aunque esta práctica podría resultar molesta además de inútil.

Daños tóxicos

Todo lo que sustenta al feto le llega a través de la placenta y el cordón umbilical, y de este modo le alcanza también cualquier sustancia tóxica que consumas. Por ejemplo, el monóxido de carbono y la nicotina del humo de los cigarrillos. El monóxido de carbono hace que al bebé le llegue menos oxígeno. La nicotina es un estimulante, y con cada calada que la madre da al cigarrillo el ritmo cardíaco del bebé aumenta. Otras sustancias químicas presentes en el humo del cigarrillo afectan al bebé interfiriendo en el transporte de calcio y algunos componentes proteínicos a través de la placenta. Las fumadoras tienen un 50 por ciento más de posibilidades de tener un bebé con algún deterioro del funcionamiento cerebral.

El alcohol que consume la madre obstaculiza el movimiento normal de las células cerebrales del feto. Pocas mujeres consumen las grandes cantidades de alcohol que pueden provocar los defectos faciales permanentes y las dificultades en el aprendizaje propias del síndrome alcohólico fetal, pero muchas beben lo suficiente para perjudicar al bebé. Tomar unas 20 dosis a la semana (20 copas de vino o 10 jarras de cerveza) puede hacer que el resultado de sus futuros tests de inteligencia baje varios puntos. Bastan 15 dosis a la semana para reducir el peso del bebé al nacer o provocar un aborto. Hasta la fecha no existen pruebas de que cantidades pequeñas, como 4 dosis a la semana, perjudiquen al bebé, pero lo mejor es no beber alcohol durante el embarazo.

La alimentación durante el embarazo

Tu propia alimentación resulta esencial durante el embarazo. No se trata solo de evitar los alimentos que puedan ser perjudiciales para el bebé, como los quesos frescos, que pueden contener listeria, sino de escoger los beneficiosos.

Por ejemplo, los ácidos grasos esenciales, especialmente los ácidos grasos poliinsaturados de cadena larga, son necesarios para un buen desarrollo del cerebro y los ojos. Los últimos tres meses del embarazo son los más cruciales en este sentido. Los aceites vegetales y el aceite de prímula son ricos en ácidos grasos omega 6, mientras que el pescado y la soja son ricos en ácidos grasos omega 3. El cuerpo los convierte en ácidos grasos poliinsaturados de cadena larga, sobre todo en ácido docosahexaenoico (DHA) y en ácido araquidónico (AA).

El hierro es vital para muchos procesos cerebrales; también es importante ingerir suficiente ácido fólico, zinc, yodo y

Tu alimentación es esencial durante el embarazo, pues algunos alimentos pueden perjudicar al feto, mientras que otros son buenos para su desarrollo.

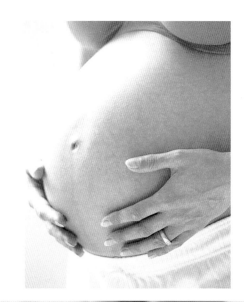

proteínas. Una dieta equilibrada con variedad de frutas y verduras, carne y legumbres contribuye a un desarrollo óptimo. Además, la glucosa es el combustible del bebé, por lo que no es una buena idea hacer régimen durante el embarazo. Los carbohidratos complejos, como las patatas y otras féculas, aportan una cantidad constante de glucosa, y son mejores que los refinados, como bollos y galletas.

El estrés durante el embarazo

Hace siglos se creía que las experiencias que la mujer vivía mientras estaba embarazada, incluso lo que pensaba, influían en el bienestar del feto. En la actualidad la ciencia ha confirmado que al menos en parte es cierto. Por ejemplo, el estrés durante el embarazo puede perjudicar al bebé. Las madres muy estresadas son más propensas a tener bebés hiperactivos. El nivel de cortisol, (la hormona del estrés), del feto está muy ligado al nivel de dicha hormona de la madre. El estrés se relaciona asimismo con los bebés prematuros y los que nacen con poco peso, probablemente debido a que el estrés disminuye el flujo sanguíneo hacia el útero y, por tanto, hacia la placenta y el bebé. Aunque está claro que no es fácil, vale la pena intentar controlar el estrés y la ansiedad durante el embarazo.

Los orígenes del feto

Lo que ocurre los meses anteriores al nacimiento influye de forma crucial en el futuro del bebé. Ello se debe a que el feto puede adaptar su propio desarrollo, reajustando su organismo para sobrevivir si los nutrientes escasean. Pero las carencias no tienen por qué durar siempre. Existen pruebas de que bebés que reciben una mala alimentación en el útero, y que consecuentemente nacen con poco peso, aunque crezcan en un entorno donde no escasean los alimentos, igualmente se desarrollan mal. Quizás sea porque su organismo no está preparado para vivir en la abundancia.

los bebés prematuros

Un bebé que sale del útero antes de tiempo se pierde el período final de maduración del que habría disfrutado en condiciones normales. Sin embargo, el apoyo experto de los médicos y tus cuidados amorosos pueden hacer maravillas para superar las consecuencias del nacimiento prematuro.

Una perspectiva distinta

La duración de un embarazo completo es de unas 40 semanas (280 días desde el inicio del último ciclo menstrual de la madre, o 266 días desde la fertilización del óvulo). Un bebé prematuro es aquel que nace antes de las 37 semanas de gestación.

En Europa alrededor del 8 por ciento de los bebés nacen antes de tiempo. A pesar de los numerosos avances médicos, esta cifra apenas ha variado en los últimos veinte años.

El cuidado de los bebés prematuros

Los bebés prematuros requieren más alimentos, más calor y también más protección frente a las infecciones. Algunos precisan respiración asistida, porque todavía no producen una sustancia química esencial llamada surfactante, que facilita la entrada del aire a los pulmones; así pues, es posible que haya que conectarlos a un respirador.

Si tu bebé es prematuro, quizá su hígado tenga una carencia de enzimas, y eso podría provocarle ictericia. Además, su cerebro es inmaduro, por lo que los médicos suelen hacer un escáner para comprobar cómo evoluciona.

Dado que el sistema nervioso del bebé no está del todo desarrollado, su reflejo succionador puede ser débil. Por eso a veces es necesario alimentarlos con una sonda que se introduce por la nariz y baja por la garganta hasta el estómago. Incluso en ese caso la leche materna es el alimento más indicado, porque contiene valiosos glóbulos blancos, nutrientes, hormonas y factores de crecimiento. Los niños prematuros necesitan todo eso incluso más que los niños nacidos a término.

Y lo que es más importante, la leche materna es rica en ácidos grasos de cadena larga, que son fundamentales para el desarrollo del cerebro y los ojos (véase p. 26). En la actualidad, en nuestro país se añaden ácidos grasos de cadena larga a casi todas las leches de fórmula para prematuros, aunque los beneficios que puedan tener para el desarrollo del bebé todavía no han sido demostrados. Por eso lo mejor es dar el pecho si se puede, aunque la madre tenga que extraerse la leche para que el bebé la reciba a través de la sonda.

La unidad de cuidados especiales

Al principio resulta muy difícil encariñarse con un bebé tan diminuto, prematuro y enfermo. No obstante, incluso si está en una unidad de cuidados especiales, es bueno que os conozcáis el uno al otro. Una forma de conseguirlo es participar en los cuidados diarios del bebé, por ejemplo dándole de comer y cambiándole el pañal. Es posible que tengas que hacer un esfuerzo mayor para relacionarte con tu bebé, y que necesites que las enfermeras te enseñen cómo cuidar de él.

El vínculo afectivo con tu bebé

Las unidades de cuidados especiales son desconcertantes tanto para los padres como para los bebés. Pero puedes hacer varias cosas para conseguir que ese lugar resulte más cálido y natural, y para establecer un vínculo afectivo con tu bebé. Por ejemplo, no hay duda de que cantar o poner música suave contribuye a que el bebé se desarrolle adecuadamente. De hecho, este método puede tener un

efecto reconfortante al recordarle sucesos que tuvieron lugar antes de su nacimiento. Los bebés a los que se les habla con dulzura o se les canta mientras están en el útero aprenden a reconocer y a tranquilizarse con el sonido de la voz de su madre.

Si su estado lo permite, saca al bebé de la incubadora y sostenlo en tus brazos. A los bebés les encanta que sus padres los estrechen contra su pecho. El contacto directo de su piel con la tuya es todavía mejor, ya que el bebé puede escucharte, sentirte y olerte. Este tipo de contacto, llamado también cuidado canguro, puede calmar la respiración del bebé y mejorar su desarrollo y crecimiento. Estar tumbados sobre una piel de borrego es otra cosa que ayuda a los bebés prematuros. Parece ser que estar rodeado de suavidad ejerce un efecto mágico y hace que el bebé se desarrolle y gane peso más fácilmente.

El futuro del bebé

El hecho de nacer con antelación implica que el bebé empieza su vida en un momento de su desarrollo distinto del de un bebé nacido a término. Por eso el bebé prematuro es más pequeño y pesa menos que la media. Sin embargo, los bebés prematuros pueden ponerse al día muy rápidamente (los gemelos son los que parecen recuperarse más deprisa). Algunos bebés siguen siendo más menudos, pero a menos que hayan sido extremadamente prematuros, lo normal es que a los dos años las diferencias entre ellos y otro niño cualquiera nacido a término sean escasas.

En cuanto al desarrollo, es normal que un bebé que ha nacido con dos meses de adelanto lleve, en general, un retraso de unos dos meses con respecto a la media. Debes tenerlo en cuenta para evitar comparaciones injustas. Pero, si todo va bien, incluso eso se iguala con el tiempo.

Parece ser que estar tumbados sobre algo muy suave ejerce un efecto mágico en los bebés prematuros y hace que se desarrollen y ganen peso más fácilmente.

el recién nacido

0–3 meses

¿cómo es?

La paternidad no es casi nunca como esperábamos. No importa cómo imaginaras que sería tu pequeño, lo más probable es que te lleves alguna que otra sorpresa. Conocer a tu bebé puede llevarte varias semanas, mientras aprendes a responder a sus necesidades, él está aprendiendo muy rápidamente de ti.

El recién nacido

Al nacer, tu bebé es inmaduro y está indefenso, aunque no en todos los sentidos. Entra en el mundo provisto, por ejemplo, de un montón de acciones reflejas, tales como mamar o tragar.

A diferencia de los gatos recién nacidos, que mantienen los ojos cerrados durante la primera semana, los bebés ven en cuanto nacen. También pueden oír y reconocer el sonido de la voz de su madre. Podría decirse que el bebé se parece a un ordenador nuevo muy potente que acabas de sacar de la caja y que todavía no dispone de demasiado software. Pero da la casualidad de que los bebés son mucho más listos que cualquier ordenador, gracias a su enorme capacidad para aprender. Al no estar limitado por el tamaño de su memoria,

el cerebro de un bebé presenta una gran plasticidad, de modo que es capaz de adaptarse a las circunstancias cambiantes. Y lo más importante es que el bebé modifica su estilo de aprendizaje a medida que crece. De modo que, a diferencia de los ordenadores, no necesitará nunca que mejoremos sus prestaciones.

Tú y tu bebé

Una de las cosas para las que está programado el bebé es para llorar. Es incapaz de acercarse para irte a buscar, o incluso de alargar la mano para alcanzarte, y por supuesto es incapaz de decirte lo que necesita. Así que de día y de noche utiliza su voz. Y la táctica es buena, sobre todo porque tú como padre o madre estás programado para responder a su

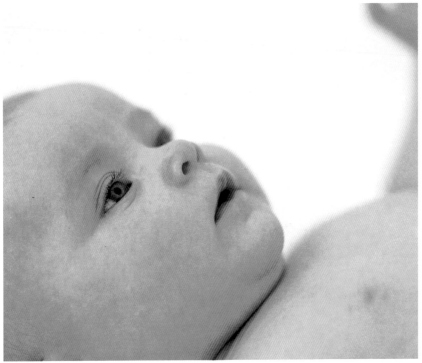

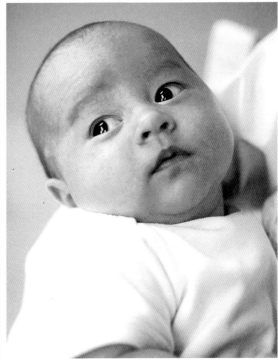

llanto. Esta conexión entre ambos es muy fuerte desde el principio, y se encuentra en la base de todos los ámbitos del desarrollo de tu bebé.

A medida que aumenta en tamaño y complejidad, el bebé adquiere nuevas destrezas a un ritmo que resulta abrumador. Cada día hace alguna cosa nueva. No siempre serás consciente de dichos desarrollos cotidianos, porque pasas mucho tiempo con él. Eso significa que la cosa va bien, ya que cada momento que paséis juntos es importante.

Además de ser la fuente que le proporciona alimento, calor y seguridad, también eres su primer profesor. Toda su atención está centrada en ti. Mientras te estudia, empapándose de tu aspecto, tu sabor y tu olor, su apego innato hacia ti se intensifica. Disfruta de tu calor y aprende todos los matices de tu voz. Es una estrategia perfecta para su supervivencia y su aprendizaje.

Los reflejos tempranos

Los reflejos de tu bebé son respuestas automáticas que han evolucionado, de forma más o menos obvia, a partir del instinto de conservación. Es gracias a un reflejo por lo que el bebé succiona cualquier cosa que se parezca vagamente a un pezón si se lo ponemos en la boca. También traga, algo que ya era capaz de hacer dentro del útero. Se sobresalta si se produce un ruido o un movimiento repentino. Eso también es un reflejo, al igual que el parpadeo y los estornudos.

Un bebé estornuda automáticamente cuando la luz es muy intensa o si su nariz se irrita por algún motivo. Al percibir la luz, parpadea para proteger sus ojos. Su cuerpo hace lo que debe sin necesidad de entender cuál es la amenaza.

Los reflejos, que son respuestas involuntarias, resultan claramente beneficiosos, ya que le protegen. Algunos reflejos, como el hecho de que si le pones el dedo en la mano lo agarra con fuerza, tienen una utilidad menos evidente, y son simples ecos de nuestro pasado evolutivo. Los reflejos tempranos van desapareciendo a medida que el sistema nervioso del bebé madura y el niño aprende movimientos voluntarios.

LOGROS A LOS 3 MESES

A los tres meses, tu bebé
- controla la cabeza
- puede levantar la cabeza y aguantar el peso del cuerpo con los brazos cuando está boca abajo
- ha perdido la mayoría de sus reflejos primitivos
- pasa tiempo moviendo los brazos y las piernas
- se tumba plano y ya no tiene los brazos y las piernas doblados todo el tiempo
- empieza a mirar fijamente sus manos
- alarga la mano hacia un objeto en movimiento
- agarra un juguete si se lo ponemos en la palma de la mano
- fija más la mirada
- reconoce las caras de personas que no son sus padres
- puede seguir el movimiento de un juguete móvil de un lado a otro
- puede localizar un sonido
- responde a los desconocidos que son agradables con él
- puede sonreír cuando le hablas
- puede emitir sonidos vocálicos y algunas consonantes
- emite una variedad de llantos distintos
- cuando llora produce lágrimas de verdad
- puede demostrar placer
- disfruta con nuestras atenciones y abrazos

cómo coger y tratar al bebé

No todos los bebés tienen el mismo temperamento. Algunos son tranquilos, mientras que otros son mucho más ruidosos y exigentes. Para tratar a un recién nacido, lo importante es responder a sus necesidades, adaptando nuestros actos a él, no a una imagen idealizada de cómo debe ser un bebé.

Cómo coger al bebé

Durante las ocho primeras semanas de vida, el bebé no puede sostener la cabeza, de modo que al cogerlo siempre debes sujetársela bien. Tú enseguida lo harás sin pensar, pero quizá tendrás que enseñárselo a otros o recordarle a alguien que lleva años sin practicar, por ejemplo, los abuelos, cómo se hace.

Muchos padres cogen instintivamente al niño con el brazo izquierdo. En el caso de los diestros, es la manera de dejar la mano dominante libre. También es un gesto eficaz para calmar al bebé, porque le mantiene cerca del tranquilizador latido de tu corazón.

Cómo calmar al bebé

Lo cojas como lo cojas, siempre que lo levantes, lo dejes o se lo pases a otra persona, hazlo despacio, aunque tengas prisa. Los movimientos precipitados hacen que se sienta amenazado y pueden hacerle llorar.

Una atmósfera de calma y relajación ayuda a los bebés a tranquilizarse. No se sabe muy bien cómo consiguen captar el estado de ánimo de sus progenitores, pero lo hacen. Si estás tenso, es posible que tu hijo también lo esté. Ser padre puede ser todo un reto, sobre todo si el niño es exigente, de modo que mantener la calma en todo momento es difícil. Sin embargo, vale la pena intentarlo.

Padres y otros

El cuidado amoroso con el padre, aunque sea distinto del de la madre, es beneficioso para el desarrollo del niño. Otros adultos también pueden contribuir. El hecho de tener contacto con otros cuidadores no hará que el afecto que sienta por ellos reemplace el que siente por ti, pero puede resultar estimulante para el bebé y además permitirá que te tomes un merecido descanso.

Acunar y dormir al bebé

A los bebés les encanta que los acunen. Un bebé irritable se calma si lo acunamos o lo paseamos por la habitación apoyando su cabeza en nuestro hombro. Quizás se deba a que reproducimos exactamente lo que sentía antes de nacer. Pero no debes dormirle siempre acunándole. Si para que se duerma siempre le arrullas en tus brazos, es posible que acabe teniendo problemas para conciliar el sueño. Tu bebé debe aprender a dormirse solo, de modo que cuando creas que está cansado, métalo en la cuna, aunque tenga los ojos abiertos.

El llanto y nuestra respuesta

Como es natural, no siempre podrás responder inmediatamente al llanto de tu bebé, pero no dejes que llore más de lo necesario. Los bebés con las necesidades cubiertas crecen seguros y se desarrollan mejor, tanto emocional como intelectualmente.

Los estudios han demostrado que los bebés a los que se deja llorar no se calman. Todo lo contrario, lloran más. El estrés generado por el llanto puede incluso afectar al bebé a largo plazo, porque desencadena la producción de cortisol, la hormona del estrés. Un nivel elevado de cortisol durante los primeros meses de vida puede modificar la anatomía y la composición química del cerebro para siempre. Según parece, al dejarlos llorar podemos alterar de forma permanente el desarrollo de los dos lados del cerebro, aumentando la actividad del hemisferio derecho a expensas del izquierdo. De modo que, siempre que puedas, acude junto a tu bebé cuando llore, aunque al hacerlo contradigas el consejo de generaciones anteriores.

EL VÍNCULO AFECTIVO

El término *vínculo afectivo* suele referirse al intenso afecto que una madre siente por su bebé en el primer momento, a veces ya durante el embarazo, un sentimiento que, al menos al principio, va en una sola dirección. El vínculo afectivo genera muchas preocupaciones, pero no parece tener demasiada importancia no experimentarlo hasta bastantes días, incluso semanas, después del nacimiento del bebé. De hecho, parece que no hay demasiada relación entre el vínculo afectivo de la madre hacia el bebé y el apego que éste sienta por ella a largo plazo.

la alimentación del bebé

La alimentación de los primeros meses influye enormemente en el bienestar y el desarrollo posterior de los niños. Aunque la leche materna es mejor que la artificial, cada método tiene sus ventajas y sus inconvenientes. Sea cual sea tu opción, lo importante es que estés convencida de tu decisión.

La leche materna

La leche materna aporta todo lo que el bebé necesita durante los primeros meses de vida, a la temperatura y en la proporción indicadas. Además, su calidad se adapta a las necesidades cambiantes del bebé. La leche materna no es una simple mezcla de proteínas, grasas e hidratos de carbono, sino una sustancia viva que contiene anticuerpos e incluso glóbulos blancos que ayudan al bebé a protegerse de las infecciones. Por eso la leche materna puede reducir también el riesgo de muerte súbita, aunque no todos los estudios lo confirman. La leche materna evita en cierta medida el desarrollo de enfermedades alérgicas en el futuro.

Sin embargo, no se trata de una garantía segura, pues los bebés alimentados con leche materna también pueden sufrir, y de hecho sufren, asma, eczemas y otras alergias.

Con la leche materna es más difícil sobrealimentar al bebé que con la leche artificial. Y los bebés que toman leche materna son menos propensos a sufrir problemas de sobrepeso o de hipertensión en su vida adulta. Asimismo, tienen menos probabilidades de ser diabéticos, siendo niños o adultos, y durante la adolescencia suelen mantener unos niveles de colesterol saludables. Estas razones pueden bastar para que te decidas por la leche materna.

Algunos estudios sugieren que la leche materna mejora el desarrollo del cerebro y los ojos, pero no son concluyentes. Lo más probable, hablando en términos generales, es que el entorno prenatal sea más importante para el desarrollo de la capacidad intelectual del bebé que el alimento que recibe después de nacer.

La leche artificial

Dar al bebé leche artificial con un biberón también tiene sus ventajas. Para empezar, otra persona puede darle de comer mientras tú trabajas o haces otra cosa. El éxito de este tipo de alimentación no depende de tu presencia o tu estado de salud, y no se ve afectado por los medicamentos que tengas que tomar.

Se han producido muchas innovaciones en temas de salud infantil, y las leches artificiales modernas son muy buenas si se preparan correctamente. La leche artificial contiene más hierro y más vitamina D que la leche materna. En la actualidad se añaden a algunas leches de fórmula prebióticos, antioxidantes (como el beta-caroteno) y ácidos grasos de cadena larga. Algunas contienen también nucleótidos, que fortalecen el sistema inmunológico y favorecen una buena digestión.

La elección

Es difícil conseguir un buen estudio científico sobre la alimentación del bebé, y existen algunos mitos. Por lo que se refiere al vínculo que el bebé establece contigo, parece que no se ve afectado por el tipo de alimentación que escojas. Importa mucho más que pases tiempo con él y le quieras.

Nadie puede decidir por ti. Los primeros meses dedicarás mucho tiempo a su alimentación, de modo que es importante que estés convencida de tu decisión y no te sientas presionada al escoger un método u otro. Transcurridas las primeras semanas o meses, muchas madres combinan la leche materna con la artificial, y se benefician de las ventajas de ambas.

Cuestiones prácticas

Si decides amamantar a tu bebé, tu dieta deberá contener muchos hidratos de carbono, proteínas, hierro y calcio. También son importantes los ácidos grasos esenciales del tipo omega 3 y omega6, debido a que estos ácidos grasos insaturados de cadena larga son muy provechosos para el desarrollo del bebé (véase también p. 26). De hecho, la cantidad de ácidos grasos insaturados de cadena larga que contiene la leche materna varía enormemente de una mujer a otra.

Los bebés saben regular muy bien la ingesta de alimentos, pero al principio tienen un apetito desigual, lo que hace difícil predecir lo que necesitan y cuándo. Tanto si optas por la leche materna como por la artificial, lo mejor es que alimentes al bebé a demanda. La única excepción son los bebés muy prematuros, con los que deberemos seguir los consejos del médico o pediatra.

Por último, sea cual sea el método de alimentación que has escogido, aprovecha el rato de la toma para relacionarte tranquilamente con tu hijo. Esos momentos son muy positivos para el desarrollo del niño, mucho más que el aporte calorífico de la toma. Y también son positivos para ti. Los bebés crecen muy rápido, de modo que saborea esos valiosos momentos que pasáis juntos.

Aprovecha la oportunidad de estar físicamente cerca de tu bebé para disfrutar con él del calor y la intimidad de la toma.

alimenta sus sentidos

Al nacer, los bebés ya son capaces de distinguir las caras de las personas, y saben diferenciar las voces humanas de otros sonidos de su entorno. Puedes trabajar a partir de lo que él ya conoce para enriquecer su experiencia de aprendizaje desde los primeros días.

Aunque su visión es aún inmadura, a los bebés les encantan los colores vivos y los contrastes.

La capacidad visual

Un recién nacido ve mejor cualquier objeto si se encuentra a unos 20 o 25 cm de sus ojos. Esa resulta ser casualmente la distancia a la que está la cara de la madre del bebé cuando le da de comer. Al nacer, el bebé está más interesado en ver caras, o dibujos de caras, que en mirar imágenes aleatorias. Se ha demostrado incluso que los bebés prefieren las caras sonrientes que las malhumoradas.

Aunque su visión de los colores es aún inmadura, a los bebés les encantan los colores vivos. También les gustan los contrastes, y sus dibujos preferidos son los de rayas blancas y negras. Tu bebé todavía no tiene una noción clara de la perspectiva, pero aprecia en cierta medida las distancias. Puede seguir con los ojos durante uno o dos segundos una luz brillante o un objeto grande en movimiento, siempre que esté a la distancia apropiada.

La estimulación de la vista

Entre el segundo y el tercer mes de vida, la vista del bebé mejora enormemente a medida que su cerebro establece nuevas conexiones entre las células nerviosas (véase p. 24). Una buena forma de estimular el desarrollo de tu bebé es dejarle ver las cosas que más le gustan, y asegurarte de que puede ver otras cosas interesantes. Por ejemplo, es posible que de vez en cuando le guste estar sentado en tu regazo mirando hacia fuera. Cuando lo lleves en la mochila, déjale ver el mundo.

Le va bien tener cosas que mirar en la cuna y el cochecito, pero evita los excesos. El exceso hace que se distraiga y puede hacerle perder el interés y dejarle indiferente. Es posible que le gusten los espejos, aunque tardará mucho en comprender que lo que ve es su propio reflejo.

Un móvil colgado del techo le ayudará a apreciar la distancia, el movimiento y la perspectiva. Ponlo donde el bebé no pueda alcanzarlo. Cuelga de él objetos de colores brillantes. Es mejor que haya distintas cosas, por ejemplo, colocar algunos muñecos de animales diferentes es mucho más recomendable que colgar distintas versiones de un mismo animal.

La capacidad auditiva

Cuando nace tu bebé tiene un oído muy fino. Si oye ruidos fuertes reaccionará violentamente, y se asustará, de modo que debes protegerle de ellos. Si está disgustado, recuerda que el sonido de tu voz le tranquilizará. También puede tranquilizarle el ruido de fondo grabado en casete o CD, pero solo si empiezas a ponérselo cuando tenga unas dos semanas. El sonido de una aspiradora es parecido y a veces ayuda a calmar al niño, aunque quizá no ejerza el mismo efecto en ti.

Potenciar el oído

Deja que tu bebé oiga sonidos distintos, como el de música suave, cajas de música y las canciones que tú le cantes. Mantén alejados de él los juguetes que emiten sonidos fuertes. El ruido puede afectar de forma permanente el oído, y el daño es acumulativo. La pérdida de audición que sufren muchos adultos de mediana edad suele deberse a la suma de daños provocados por el ruido durante décadas.

El tacto y el gusto

La piel de tu bebé tiene millones de terminaciones nerviosas que detectan el roce, la presión, las caricias, el frío, el calor y las vibraciones, de modo que no es de extrañar que el bebé utilice el tacto tanto como sus otros sentidos para descubrir el mundo. Desde que nace le gustan las cosas suaves. Deja que toque tu cara y tus manos, y de vez en cuando acércatelo al cuerpo cuando estés desnuda.

A los bebés les gusta el tacto y el sabor de su propia piel, y muchos se chupan el dedo. Es una fase normal del desarrollo del bebé, de modo que no se lo impidas. Actualmente, la mayoría de dentistas creen que el hecho de chuparse el dedo no daña los dientes de forma permanente.

El desarrollo del tacto y el gusto

Tu bebé necesita juguetes con distintas texturas para ampliar sus experiencias. A menos que haga mucho frío, no le pongas ni manoplas ni patucos de lana, ya que pueden impedirle notar determinadas sensaciones. Juega con él mientras le hablas, tocándole las manos, los pies y el resto del cuerpo, pasando de la caricia a una presión más fuerte. Puedes hacerle juegos de dedos como «Este pide pan» desde muy pequeño.

Es posible que le guste que le salpiques con agua las piernas y la barriga en el baño, aunque debes sujetarle bien. Si no le gusta, olvídalo durante algún tiempo. Hagas lo que hagas con el bebé, es importante seguir su ritmo, de modo que espera a que él lo pida.

Mensajes sensoriales sintetizadores

Tu bebé aprenderá a sintetizar los mensajes que reciba desde los distintos sentidos. Cuando mira un osito de peluche, disfruta explorando su textura suave, así como mirando su cara y quizás también mordisqueándole la oreja.

Algunos objetos provocan al niño una sensación determinada cuando los toca con la mano, y otra sensación distinta si le rozan la piel desnuda. Puedes probar a acariciarle suavemente el brazo con un juguete blando y fino; la sensación será un poco distinta de la que experimenta normalmente.

SOBRECARGA SENSORIAL

El exceso de estimulación puede ser tan perjudicial como su falta. Si los sentidos del bebé se sobrecargan, es posible que el niño parpadee mucho, se aparte o que empiece a llorar y patalear. Lo que le conviene entonces es un abrazo tranquilo y sin exigencias, o incluso echar un sueñecito. Ten presente el estado de ánimo del bebé y lo espabilado que está.

cómo estimular el movimiento

Al principio tu bebé pasa la mayor parte del tiempo acurrucado, herencia de la posición fetal. Luego descubre que tiene espacio para moverse y estirarse, y sus músculos empiezan a desarrollarse y fortalecerse. A los tres meses, estará mucho menos encogido, y habrá aprendido muchas cosas.

La cabeza, el cuello y la espalda

Muchos bebés, cuando están tumbados, inclinan la cabeza hacia un lado porque pasan mucho tiempo boca arriba (es corriente que tengan una calva en el lado preferido). Si a eso le añadimos una leve asimetría craneal, no será difícil adivinar que los bebés suelen preferir una determinada posición de la cabeza.

Aunque se recomienda que los bebés duerman boca arriba para reducir el riesgo de muerte súbita, eso no quiere decir que cuando esté despierto tenga que estar siempre en dicha posición. Es mejor para su desarrollo, tanto físico como intelectual, que pruebe distintas posturas cuando no duerma.

Para favorecer el control de la cabeza y el tronco, tu bebé debe estar boca abajo un rato todos los días, mientras tú lo vigilas. Al principio, como no será capaz de levantar la cabeza, no le gustará mucho esta postura. De todos modos puedes hacer que le resulte más interesante colocándolo sobre una manta de juegos o poniéndole a su alcance un juguete blando. A medida que transcurran las semanas, puedes colocar varios juguetes en círculo a su alrededor para animarle a estirarse y para que sus músculos se desarrollen en todas direcciones.

Si al principio no le gusta estar boca abajo, puedes tumbarte junto a él o colocarlo boca abajo sobre tu barriga. Asegúrate de que no tiene el estómago demasiado lleno al ponerlo así. Si incorporas esta actividad a la rutina diaria, por ejemplo, después de cambiarle el pañal, le será más fácil acostumbrarse a la experiencia, e incluso es posible que lo espere con impaciencia.

Cámbiale de sitio

Tu bebé puede ejercitar los brazos y las piernas, pero no puede cambiar de posición él solo. Eres tú quien debe aportarle la variedad de experiencias que precisa para desarrollarse. Limita el tiempo que pasa en cada postura, ya sea sentado en una sillita, en la silla del coche o tumbado despierto en la cuna, y si es posible cámbialo antes de que se canse. Si debe permanecer en un mismo lugar durante

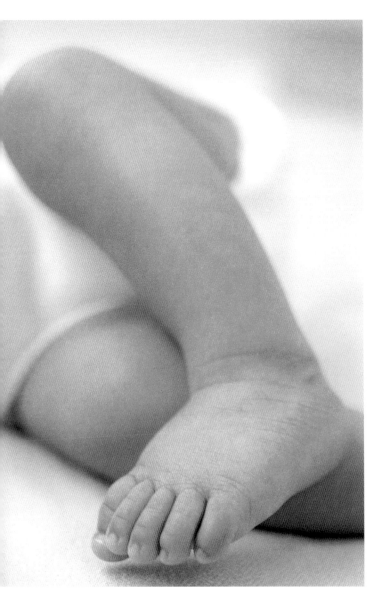

Los movimientos pasivos

Al bebé también le gustará que juegues con sus brazos y sus piernas, de modo que prueba movimientos pasivos suaves. Levántale primero un brazo y luego el otro, y crúzalos sobre su pecho hacia el hombro opuesto. También puedes levantarle con delicadeza primero una pierna y luego la otra hacia la zona abdominal. Él hará la bicicleta por sí solo, pero experimentará una sensación distinta cuando tú se la hagas hacer, y al mismo tiempo disfrutará mirándote.

La coordinación de la mano y el ojo

Poco a poco tu bebé dejará de apretar los puños y alrededor de la semana 12 abrirá las manos. Entonces estará listo para la siguiente fase de aprendizaje.

Puedes contribuir al desarrollo de la coordinación de las manos y los ojos de tu bebé dejando que explore tu cara. Guía su mano para que alcance y sienta cosas nuevas, por ejemplo, un sonajero. Hazlo con ambas manos. Cuando cumpla doce semanas será capaz de coger un objeto si se lo colocas en la palma de la mano, aunque en parte lo hace de forma involuntaria.

Una cabeza asimétrica

El problema de tener la cabeza asimétrica no suele ser demasiado importante, aunque parece que cada vez es más corriente, porque los bebés pasan mucho tiempo en una misma posición. Además de ponerlo boca abajo con regularidad, puedes evitar la asimetría colocando cosas para que las mire en un lado del cochecito cada día distinto.

Asimismo, puedes ir cambiando de lado el móvil de la cuna. Otra posibilidad es acostar de vez en cuando al bebé con la cabeza en los pies de la cuna, porque tanto la dirección de la luz como la orientación de la habitación influyen en la posición de su cabeza.

Si le das biberón, puedes alternar el brazo con el que sujetas al niño en cada toma, para que cambie regularmente de posición.

bastante rato, por ejemplo, mientras viajáis en coche, puedes cambiarle la posición de la cabeza de vez en cuando utilizando toallas dobladas para ayudar a sujetársela.

Haz que tu hijo disfrute del movimiento jugando con él cuando está sentado en tu regazo. Con algunos juegos, como hacerle el caballito suavemente, le ayudarás a desarrollar los músculos del tronco y las extremidades mientras se siente a salvo y seguro bajo tu cuidado.

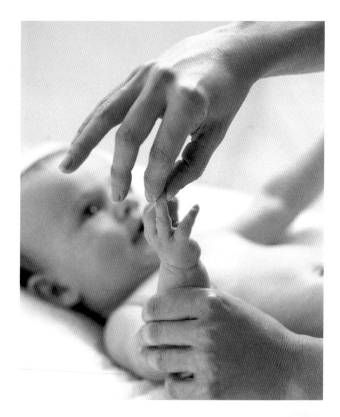

masaje para bebés

El masaje es un método antiquísimo que sirve tanto para curar como para calmar. Acariciar al bebé es una forma instintiva de darle un masaje.

Los beneficios del masaje infantil

Seguro que confías intuitivamente en el efecto tranquilizador del masaje, pero además puedes utilizarlo de un modo más concreto para beneficiar a tu bebé. El masaje puede calmar a los bebés intranquilos, ayudar a disipar el llanto e incluso aliviar los cólicos. Los bebés prematuros y los que sufren dolencias como la parálisis cerebral responden especialmente bien.

El masaje sirve sobre todo para reducir la tensión y el estrés, porque disminuye los niveles de adrenalina y cortisol, las hormonas del estrés, que pueden interferir en la concentración y el aprendizaje. También contribuye a desarrollar la coordinación del bebé. Muchas personas afirman que, además, el masaje tonifica los músculos, estimula la circulación e incluso mejora el sistema inmunológico.

El masaje puede fortalecer el vínculo afectivo entre el niño y el progenitor, y ayudar a los padres que sufren depresión posparto a hacer frente a un bebé exigente. En definitiva, el masaje suele ser una experiencia relajada y agradable para ambos, y puedes seguir practicándolo durante varios meses.

Pero no a todos los padres les sale espontáneamente lo de dar un masaje. En occidente son muchos los adultos que no están acostumbrados a tocar el cuerpo de otra persona, ni siquiera el de sus propios hijos. Para disfrutar del masaje infantil, algunos padres deberán redescubrir sus instintos más primitivos y emocionales, aquellos que la sociedad dictamina que deben reprimir.

Los aceites más indicados

Para evitar friccionar en exceso la piel, debes usar algún aceite, ya sea uno infantil o uno compuesto de varios aceites orgánicos. Entre los más indicados se encuentran el aceite de pomelo, el aceite de coco y el aceite de girasol. Todos los bebés se meten las manos en la boca, de modo que es muy probable que acabe ingiriendo algo de aceite; así pues, no es aconsejable usar aceites de aromaterapia. Debes evitar el aceite de almendra dulce y aquellos que estén hechos a base de frutos secos, porque el bebé podría ser alérgico a ellos. Tan solo necesitas una pequeña cantidad de aceite, entre 20 y 50 ml. Prueba el aceite que vayas a usar sobre un trozo pequeño de la piel del pequeño. Espera treinta minutos para ver si se produce alguna reacción adversa. Si aparecen manchas o granitos, no sigas.

Cómo empezar

Un buen momento para dar el masaje es después del baño y antes de la toma, siempre que el bebé no esté demasiado hambriento. Antes de empezar, lávate y caliéntate las manos, y quítale todos los anillos. Asegúrate de que la temperatura de la habitación es adecuada. Para dar un masaje la habitación debe estar más caldeada que de costumbre, a unos 26 °C.

Es importante que el bebé esté a gusto y caliente. Obsérvale y comprueba si está de humor para un masaje. Lo ideal es que esté relajado y espabilado. No importa si se queda dormido durante el masaje, pero entonces debes parar.

Debes masajearle siempre con suavidad, sobre todo cuando es muy pequeño, pero tienes que presionarle ligeramente en vez de acariciarle. Existen distintos tipos de presión o movimientos, y puedes combinarlos; dependerá de la parte del cuerpo que masajees.

La técnica de la mano abierta consiste en utilizar toda la mano, la palma y los dedos, para masajear al bebé. La técnica de la mano cerrada se usa para rodear con los dedos las extremidades, un gato que resulta muy tranquilizador para el niño. Con la técnica del dedo (o pulgar) debes tener mucho cuidado, para no arañarlo con las uñas. Es una técnica indicada para zonas pequeñas y delicadas, como la palma de la mano o la planta del pie, aunque también puedes utilizarla en la espalda.

Una forma de aprender más cosas sobre el masaje y sus ventajas es realizar algún curso específico. El pediatra te informará acerca de los cursos que se organicen en tu barrio o ciudad.

LO PRINCIPAL ES NO HACERLE DAÑO

Si das el masaje de forma adecuada, el bebé no correrá ningún riesgo, pero hay algunas precauciones que debes tener en cuenta. No realices ningún masaje si el bebé:

- tiene menos de dos semanas
- le han puesto una vacuna en las últimas 72 horas
- tiene fiebre o se encuentra mal
- tiene alguna infección en la piel o cualquier otro tipo de infección
- está dormido
- se disgusta en cualquier momento

Aplaza la sesión si tienes las manos frías o la estancia no está caldeada. No tiene sentido dar un masaje si resulta desagradable o si al bebé no le apetece. Si a tu hijo no le gusta estar desnudo, puedes masajearle los pies, ya que para eso apenas hace falta quitarle ropa. Puede ser una buena forma de introducirlo en los placeres y beneficios del masaje.

Los preparativos

Tumba al bebé boca arriba y desnúdalo sobre una toalla tibia. Calienta un poco de aceite entre tus manos. Antes de empezar el masaje, asegúrate de que el bebé está contento y tranquilo.

Los pies, las piernas y el tronco

Empieza masajeándole los pies. Rodéaselos con las manos, pasando el pulgar por la planta y deslizando tus dedos por encima de los dedos de sus pies. Sube las manos por sus piernas apretando ligeramente, sobre todo al llegar a la pantorrilla y al muslo. Puedes hacer el movimiento subiendo

o bajando por la pierna, o combinar ambas cosas. Ninguna dirección es mejor que otra, sino que cada una tiene sus ventajas.

Tócale la barriga con suavidad —los órganos internos del bebé son delicados— intentando no acariciarle. Realizar un movimiento en la dirección de las agujas del reloj durante aproximadamente un minuto resulta muy efectivo. Se dice que esto facilita la digestión, porque esa es la dirección en la que la materia pasa por el aparato digestivo hacia los intestinos. Pero no es imprescindible hacerlo así, de modo que haz lo que te resulte más fácil, y cambia de dirección si te apetece.

Masajea el pecho del bebé realizando un movimiento firme con la mano abierta. Su corazón y sus pulmones están protegidos por la caja torácica. Realiza movimientos cruzados, es decir, desde un hombro hasta el otro, o hasta el otro lado del tórax. Este movimiento de lado a lado del tronco puede ayudar a desarrollar la coordinación del bebé. Masajéale el pecho deslizando también las manos arriba y abajo, ambas a la vez, y llegando hasta los hombros. Si al bebé le gusta, dedica alrededor de un minuto a esta zona del cuerpo.

Los brazos y los hombros

Es mejor masajear cada uno de los brazos por separado, porque si el bebé es activo le dejamos un brazo libre para que lo mueva todo lo que quiera. Desliza la mano con firmeza desde el hombro hasta los dedos. Puedes hacerlo con una sola mano o sujetando a la vez la mano del bebé con la otra. Es posible que al bebé no le guste que le obligues a tener el brazo extendido. Si es así, masajea solo las zonas que puedas, que quizá será únicamente la parte externa del brazo. No tiene sentido forzar al bebé a adoptar una postura que no le gusta.

Masajea la parte inferior del brazo y la muñeca con un movimiento envolvente. Masajea la palma con el pulgar realizando pequeños movimientos circulares. Una vez más, no tiene importancia en qué dirección realices el movimiento. Presiónale ligeramente los dedos. Ponte más aceite en las manos siempre que sea necesario, pero recuerda que antes o después tu bebé se meterá los dedos

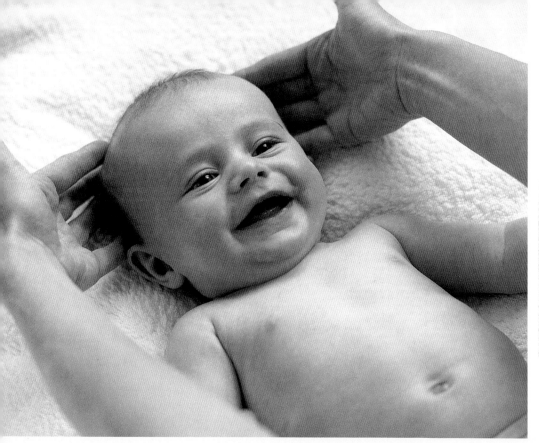

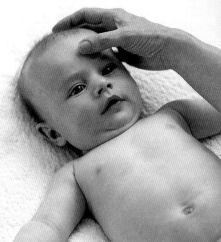

Mientras realizas el masaje, mira a tu bebé y sonríele.
Debéis conseguir interactuar a varios niveles,
no solo con el tacto.

en la boca, y por tanto se tragará algo de aceite. Si el bebé está relajado, es posible que te deje abrirle y cerrarle los brazos. Colócale los brazos alrededor del pecho y luego extiéndelos hacia fuera; repítelo si el niño sigue estando a gusto. Este movimiento contribuye a desarrollar los músculos del pecho, los hombros y la espalda. Es posible que le parezca divertido y te recompense con una amplia sonrisa.

La cabeza, la cara y la espalda

Masajéale la cara con mucha delicadeza. Para evitar obstruirle los poros, no te pongas más aceite en las manos. Si las tienes muy pringosas, sécatelas antes; ten mucho cuidado de mantener el aceite lejos de los ojos del bebé.

Dale un masaje suave en la cabeza con las manos abiertas, evitando la parte blanda conocida como fontanela.

(En realidad los bebés tienen dos fontanelas en el centro del cráneo, pero la que está en la parte de delante resulta más evidente.) No te molestes en masajearle la parte de atrás de la cabeza, ya que para ello deberías levantársela y es muy probable que no le guste.

Masajéale la cara con los pulgares, pasándolos con firmeza por la nariz, el mentón, las mejillas y la frente. Puedes rodear la cabeza del bebé con una mano mientras lo haces.

Si el bebé está disfrutando con tus cuidados, dale la vuelta poco a poco y masajéale la espalda, pero evita la zona de la columna. Puedes volver a frotarle los brazos y las piernas, pero ahora por detrás.

las primeras formas de comunicarse

Tu voz tiene un significado especial para el bebé incluso antes del nacimiento. Luego descubre variaciones en tu voz, tu cara y tus gestos, de modo que pronto entiende lo que dices. Aunque no hable, se comunica desde el principio con sonidos básicos y el lenguaje corporal.

La sonrisa

Durante las primeras semanas de vida, es posible que le veas fugazmente expresiones parecidas a una sonrisa.
Lo más probable es que esté experimentando con los músculos de la cara.

Es alrededor de las seis semanas cuando sonríe de verdad por primera vez, cuando toda su cara se ilumina. Se trata de su primera sonrisa verdadera y, a diferencia de las primeras sonrisas fugaces, tiene significado emocional. Ahora, cuando tú le respondes con otra sonrisa, la suya se hace más amplia y el placer se trasluce realmente en sus ojos.

Nadie sabe con certeza por qué empiezan a sonreír los bebés. Las expresiones alegres de aquellos que les rodean les proporcionan algo que imitar, pero tiene que haber otras razones, ya que los bebés ciegos también sonríen.

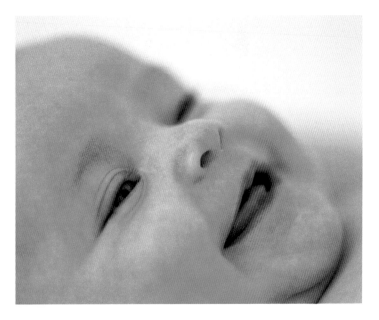

Habla con tu bebé

El bebé puede emitir sonidos con sentido incluso durante las primeras semanas de vida, ya que la capacidad de aprender el lenguaje es innata. Tu bebé aprende por imitación, de modo que debes hablarle. Cuanto más le hables, más fácil se lo pondrás para que desarrolle el lenguaje. Deberá pasar cierto tiempo antes de que sea capaz de contestarte apropiadamente, porque el «lenguaje receptivo» (la comprensión) siempre es anterior al «lenguaje expresivo» (el habla), tal y como ocurre cuando cualquiera de nosotros aprende un idioma extranjero.

La mayoría de padres utiliza instintivamente el lenguaje infantil, un lenguaje agudo con palabras simplificadas y muchas repeticiones. Existe una buena razón para ello. A los bebés les gustan los tonos suaves pero agudos, y con ellos conseguimos captar su atención. Además, el lenguaje infantil enfatiza ciertos sonidos, de modo que ayuda al pequeño a aprender los aspectos básicos del lenguaje.

Dedica tiempo a tu bebé

Pasa tanto tiempo como puedas con él, aunque para ello tengas que aplazar alguna tarea doméstica. Aprovecha todas y cada una de las oportunidades para comunicarte con él, incluso mientras le cambias el pañal o le bañas. Míralo y procura que te vea, porque la mirada es importante para transmitir un significado. Repite su nombre para animarle a reconocerlo desde muy temprana edad.

Intenta que el ruido de fondo sea mínimo cuando te estés comunicando con el niño. Reacciona siempre ante los sonidos que emita y dale la oportunidad de que exprese su opinión con sus balcuceos después de hablar tú. Cántale canciones y nanas para ayudarle a aprender las pautas del lenguaje. Todavía no entenderá las palabras, pero eso no importa.

Sus respuestas

Los bebés aprenden por imitación desde el primer momento. De hecho, tu bebé mueve la boca para responderte incluso cuando solo tiene unos días. Al poco tiempo empieza a emitir sus propios sonidos para responderte, a menudo para llenar tus pausas. Dicho de otro modo, con lo pequeño que es, sabe que el arte de la conversación consiste en turnarse. Cuando hablas, tu bebé está callado para escucharte. Cuando dejas de hablar, balbucea y mueve el cuerpo. Si luego no le respondes, es posible que se desconcierte o se enfade y acabe llorando.

A medida que crece, su repertorio de sonidos se amplía y empieza a interactuar realmente contigo, demostrando con claridad que le gusta. Su lenguaje corporal también se vuelve mucho más elocuente. Se comunica acurrucándose o estirándose, o con varias expresiones faciales, entre ellas las muecas y los parpadeos.

Aunque use chupete para dormir o se lo pongas cuando llora y no puedes atenderlo al momento, es mejor que no lo lleve siempre que está despierto. Debe poder experimentar con los labios y la lengua para desarrollar un repertorio completo de sonidos, de modo que no se lo des si no lo necesita.

LOS PRIMEROS SONIDOS DE TU BEBÉ

Las primeras manifestaciones de un bebé son sobre todo sonidos vocálicos como «a», «e», «u» y «o». A los bebés les suele gustar emitir estos sonidos, especialmente a partir de las seis semanas de vida, y a veces prefieren algunos más que otros. A los tres meses, es posible que haya empezado a utilizar algunas consonantes. Sonidos como «g» o «gn» suelen expresar felicidad, mientras que otros como «b» y «p» demuestran inquietud e intranquilidad.

la fase de agarrar

3–6 meses

¿cómo es?

El segundo trimestre de la vida de tu bebé será cualquier cosa menos aburrido. Durante este período, observarás que hace extraordinarios progresos. No parará de crecer y se hará más fuerte y, como siempre, sus capacidades físicas e intelectuales progresarán conjuntamente.

Las manos y los dedos

A los seis meses tu bebé tendrá las manos abiertas la mayor parte del tiempo. A partir de la semana 12, inicia una fase en la que empieza a prestar atención a sus manos. Las mueve delante de sus ojos y las examina atentamente, como si quisiera averiguar lo que son capaces de hacer. En breve, las aprovechará al máximo para estudiar los objetos de su entorno inmediato. Al principio cogerá las cosas con torpeza, por supuesto, pero aprenderá de cada experiencia. Las acciones que le salgan bien reforzarán las conexiones entre sus células cerebrales.

La capacidad visual del bebé se vuelve cada vez más aguda y los millones de receptores táctiles que hay en su delicada piel le permiten sentir las cosas con todo detalle.

Con los labios y la lengua, enormemente sensibles, completará la experiencia. Casi siempre que pueda alcanzar un objeto y metérselo en la boca, lo estudiará y hará una valoración.

La forma de alcanzar los objetos

A los seis meses, el bebé no solo es capaz de alcanzar las cosas de forma más precisa, sino que además ha desarrollado la fuerza y la coordinación necesarias para mover su cuerpo y colocarse en posturas nuevas. Esta capacidad abre ante él un mundo de posibilidades desconocidas y fascinantes, ya que ahora puede agarrar con las manos cosas que antes simplemente estaban demasiado lejos.

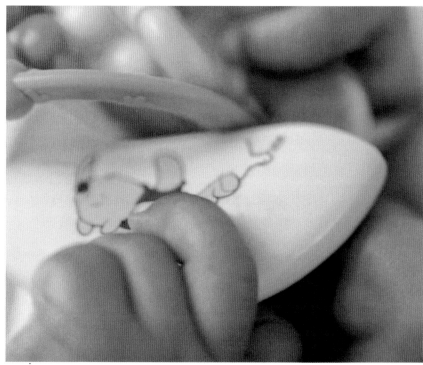

Las primeras habilidades sociales

Durante estos tres meses, tu bebé también empieza a relacionarse socialmente, y descubre quién le importa de verdad. De entre todas las personas significativas que hay en su vida, tú eres con quien está más unido. El bebé va desarrollando el vínculo desde estos primeros meses hasta que tiene unos cuatro años, y éste dependerá del amor y la seguridad que reciba y del tiempo que pase contigo. No siempre tenéis que hacer algo juntos. El simple hecho de estar con él y tocarle es suficiente para confortarle y favorecer su desarrollo.

El grado de reacción

Estar con tu hijo es divertido porque resulta un compañero encantador. Un bebé de este tiempo suele mostrarse muy interesado por todo. Aunque todavía no puede hablar, su capacidad de comprensión se está desarrollando y aprende a interactuar contigo de formas diferentes. Emite sonidos nuevos, entre ellos la risa, y despliega un repertorio cada vez mayor de lenguaje corporal y deslumbrantes sonrisas.

El ritmo diario

La personalidad del bebé se manifiesta claramente desde una edad muy temprana y, por supuesto, su humor es variable. Su comportamiento cambiará de un día a otro de acuerdo con su estado de ánimo. El niño solo aprenderá cosas nuevas cuando esté preparado, de modo que debes seguir su ritmo en vez de tener un plan prefijado.

La variedad es la clave para enriquecer el desarrollo del bebé, y la actitud del niño es distinta cada día, sin embargo, su vida necesita una estructura. No es necesario seguir de manera absolutamente estricta todos los rituales diarios, como bañarle, leerle un cuento y meterle en la cama, pero la verdad es que a los bebés les gustan las rutinas. Hacen que se sientan más seguros y ejercen un efecto tranquilizante, de modo que son buenas desde un punto de vista emocional. Con ellas tu bebé se anticipa a las cosas placenteras, y ello contribuye a desarrollar su memoria e incluso le da información sobre los distintos momentos del día. Son importantes asimismo para establecer un buen hábito alimenticio y de sueño.

LOGROS A LOS 6 MESES

A los 6 meses tu bebé

◆ controla perfectamente la cabeza
◆ puede seguir los objetos girando la cabeza 180 grados
◆ puede coger un objeto con precisión
◆ se lo mete todo en la boca
◆ puede sujetar cosas con las manos, aunque a veces se le caen accidentalmente
◆ le fascinan los objetos pequeños y con detalles
◆ es capaz de moverse cuando está en tu regazo o en brazos
◆ puede rodar de un lado a otro

◆ puede sentarse con ayuda
◆ puede permanecer sentado sin ayuda durante unos segundos
◆ levanta los brazos para que le cojan
◆ comprende bien distintos sonidos
◆ sonríe y se ríe abiertamente
◆ puede decir «ba» o «da»
◆ muestra interés y es muy sociable
◆ le gusta escuchar a las personas
◆ está muy pegado a ti
◆ a veces se pone nervioso cuando se separa de ti
◆ los desconocidos suelen fascinarle
◆ puede mostrarse tímido o nervioso con los desconocidos

alimenta sus sentidos

A los tres meses, tu bebé se vuelve más perceptivo y, además, como es capaz de hacer muchas más cosas con las manos, vive un gran número de experiencias nuevas que estimulan sus sentidos y potencian su desarrollo.

Habilidades interrelacionadas

A medida que el bebé crece, sus habilidades en distintas áreas del desarrollo están cada vez más interrelacionadas. Gracias a que coordina mejor el movimiento de las manos y la vista, puede alcanzar más objetos interesantes, regalarse los sentidos con ellos y refinar su poder de observación. Todo un mundo de experiencias sensuales que se abre ante el pequeño.

La visión

La visión de cerca del bebé está mejorando, aunque el niño todavía no consigue ver bien las cosas pequeñas. Le gustan los libros duros con imágenes sencillas y de colores vivos. Los móviles siguen resultando útiles para mejorar su percepción de la distancia y la perspectiva; puedes ponerle uno nuevo con colores distintos para que tenga un estímulo nuevo.

Tu bebé puede seguir objetos que describan un arco de 180 grados, pero solo si no se mueven demasiado rápido. Puedes contribuir a mejorar sus destrezas desplazando lentamente por su campo de visión un objeto de tamaño mediano, como un sonajero o una pelota de colores vivos.

El niño ya ve mejor los objetos más distantes; le puedes estimular, por ejemplo, caminando de vez en cuando por la habitación mientras le hablas, para que te siga con los ojos.

El oído

Tu bebé es muy consciente de los ruidos, incluso de los lejanos. También localiza mejor su procedencia, aunque le sigue costando más oír aquellos sonidos que se producen justo detrás de él.

Cuando desees comunicarte a través de los sonidos, colócate de modo que el impacto sea máximo. Al principio deberás agitar un sonajero o algún juguete que haga ruido, pero cuando el niño sea más hábil con las manos, a partir de los cuatro meses, aprenderá a hacerlos sonar él mismo.

Es muy posible que también le gusten las pulseras con cascabeles que se abrochan con velcro y las pelotas blandas que suenan al rodar. Este tipo de juguetes le enseñan cómo funciona la relación causa-efecto.

A los bebés les encantan las cajas de música y otros juguetes musicales, pero no dejes a todas horas juguetes ruidosos junto a él. El ruido puede dañar los oídos, y su efecto es acumulativo a lo largo de la vida de una persona. Dado que tu bebé todavía no es capaz de alejarse del juguete, o de apartar el juguete a un lado, debes tratar su oído con especial respeto.

El gusto y el olfato

Muchas de las experiencias de tu bebé tienen que ver con el gusto y con el olfato, ambos muy estrechamente relacionados. A los seis meses o antes empezará a consumir alimentos sólidos y descubrirá todo un mundo nuevo de sabores.

Sin embargo, antes ya olfateará y chupará muchos de los objetos que tenga al alcance de la mano. El chupete puede dificultar la apreciación de dichas sensaciones, así que es preferible que no lo lleve puesto todo el tiempo.

El tacto

El tacto es asombrosamente importante para el bebé, porque es un sentido muy interactivo y, además, tiene un componente emocional. Por eso es bueno que toques y acaricies a tu

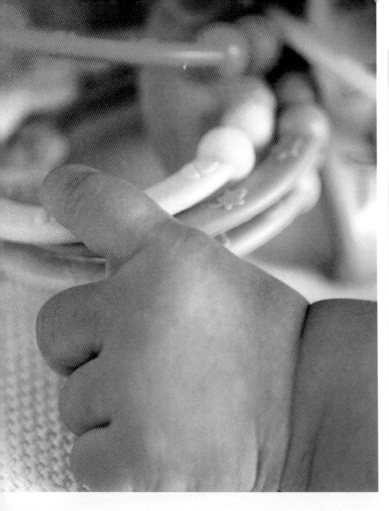

pequeño. El masaje sigue produciéndole una sensación agradable y tierna; mientras le guste puedes seguir usándolo.

Todo lo que toque el bebé debe ser seguro, pero aun así puedes proporcionarle una gran variedad de cosas para que experimente. No es necesario que todos los juguetes sean de plástico o peluches, pueden ser de madera o tela. También conviene provocarle sensaciones diferentes. En vez de que sea él quien toca un juguete blando, coge el juguete en cuestión y hazle cosquillas en los brazos o las piernas. Las sensaciones se parecen pero no son iguales.

ASOCIACIÓN Y APRENDIZAJE

Tu bebé progresa estableciendo nuevas conexiones entre las células nerviosas del cerebro, creando una red que es exclusivamente suya, y aprende de todo lo que ve, siente y oye. Al poco tiempo sabrá relacionar el sonido agudo que oye con frecuencia con la cara peluda del gato que aparece por la puerta. Cada nueva experiencia se añade a lo que ya ha aprendido, de modo que, a partir de los muchos estímulos que bombardean sus sentidos, tu bebé empieza a distinguir el orden y la importancia.

el dominio del movimiento

Tu bebé todavía no tiene autonomía, pero cada vez es más activo y estira las extremidades siempre que puede. Como consecuencia, su coordinación mejora continuamente. Para que aprenda a coordinar las manos y la vista, deja que coja cosas, ya sea un juguete o tu nariz.

La coordinación de la mano y la vista

Al principio, el bebé suele calcular mal la distancia, y su mano se pasa de largo del objeto que desea coger. Pero esos errores le sirven para hacerlo mejor la vez siguiente. Coloca juguetes donde pueda alcanzarlos y jugad con marionetas de dedo. Felicita a tu hijo con entusiasmo cuando consiga agarrar un objeto nuevo.

Lo más probable es que al principio agarre los objetos con el puño entero, pero alrededor de los seis meses lo hará con la palma y tres dedos. Seguirá sin controlar del todo la técnica, por lo que a menudo se le caerán las cosas sin querer. Si está sujetando un juguete y le ofreces otro, dejará caer el primero.

Para que aprenda a coger las cosas desde distintas posiciones, coloca algún juguete por encima de su cabeza, por ejemplo, un gimnasio infantil, y también túmbalo sobre una mantita de actividades. Cuando esté sentado en tu regazo, ofrécele objetos desde distintos puntos, pero intentando que no le cueste demasiado cogerlos.

Capacidades motrices generales

Ahora tu bebé es también muy activo con el resto de su cuerpo. Estar un rato boca abajo sigue siendo bueno para fortalecer los músculos de su tronco y sus brazos. Puedes colocar juguetes a cierta distancia para animarle a desplazarse hacia ellos.

Jugar en el suelo con el bebé resulta divertido para los dos. Ahora él es capaz de rodar estando de lado hasta quedarse boca arriba y luego quedarse de nuevo de lado. Puedes ayudarle tumbándolo boca arriba y colocando un juguete a un lado fuera de su alcance. Dóblale las rodillas suavemente y ayúdale a rodar hacia el juguete. Pronto se dará la vuelta y pasará de estar boca arriba a boca abajo. Es un útil preludio del gateo, y demuestra lo fuerte que está.

Alrededor de los seis meses, tu hijo aprenderá a sentarse. Hacia los cuatro ya puede sentarse si tu lo sujetas. En cuanto veas que está a gusto sentado, coloca varios cojines a su alrededor y deja que permanezca unos segundos así, disfrutando de la nueva postura. Mientras tú le observas, él te observa a ti. Eso le ayuda a desarrollar la musculatura del cuello y de la parte superior del tronco.

Fomenta su sentido del equilibrio con juegos como sentarlo en tu regazo y hacerle el caballito. Puedes balancearle de un lado a otro y adelante y atrás, o darle vueltas para mejorar su coordinación.

Cuando necesite tu ayuda para cambiar de posición, guía sus movimientos con las manos en vez de hacerlo tú por él. No tienes por qué levantarle y cambiarle de posición como cuando era más pequeño.

Oportunidades para la acción

Quizá a tu bebé le guste jugar con un juguete más grande de vez en cuando, como por ejemplo un osito de peluche de gran tamaño al que puede abrazar. Eso le permite ejercitar grupos de músculos más grandes. Seguramente también le gustará chapotear con el agua mientras se baña. Alrededor de los seis meses puedes lavarle ya en una bañera grande. Para que se vaya acostumbrando puedes colocar la bañera infantil dentro de la bañera normal. De ese modo las paredes le intimidarán menos y podrá salpicar tanto como quiera.

Deja que se coja los pies desnudos. No es necesario que lleve siempre calcetines o patucos y se moverá con más libertad sin ellos.

EL PARQUE O CORRALITO

El parque es un lugar seguro donde dejar al bebé un momento solo, por ejemplo, para abrir la puerta o ir al baño. Sin embargo, restringe la capacidad de exploración del bebé y limita su aprendizaje. Úsalo solo para ratos breves. Cambia los juguetes que colocas en él para mantener el interés del bebé, y sácalo del parque antes de que esté excesivamente aburrido.

habla con tu bebé

Todavía debe pasar algún tiempo para que tu bebé sea capaz de hablar, pero se comunica con gestos y sonidos y demuestra un gran entusiasmo. Aunque sonría a todo el mundo, tú eres alguien especial en su vida, y por ello te dedica las sonrisas más amplias.

La comprensión

El bebé comprende muchas cosas gracias a tu tono de voz, tus gestos y tus expresiones faciales. Es capaz de distinguir prácticamente todos los sonidos que emites. Aunque es obvio que no puede comprender todo lo que dices, casi seguro que entiende algunas palabras. Los estudios demuestran que los bebés prestan más atención a los sonidos que oyen justo antes o después de su nombre, de modo que es bueno repetir mucho su nombre cuando le hablas.

Los juegos vocales

Durante estos tres meses tu bebé hace gorgoritos, ríe, balbucea y experimenta con nuevos sonidos. Se trata de juegos vocales. Parece ser que a los bebés les gustan las vibraciones que emiten cuando parlotean, y esa podría ser la razón de que lo hagan incluso cuando nadie les escucha. Con el juego vocal tu bebé aprende a asociar los distintos sonidos con determinados movimientos de los labios y la lengua, una destreza esencial para aprender a hablar.

Los primeros sonidos parecidos al lenguaje que pronuncian los bebés son sílabas separadas como «ay» y «oh», pero observarás que tu bebé también utiliza consonantes y puede repetir sílabas para formar sonidos más prolongados tales como «ba ba ba» y «da da da».

A partir de los cuatro meses más o menos, los bebés producen una gran variedad de sonidos más complejos, tales como «ah gu», e incorporan consonantes nuevas, como la «k». De vez en cuando pronuncian algún sonido que parece una palabra de verdad, pero deberán transcurrir varios meses hasta que digan la primera palabra real.

Los sonidos universales

Los primeros sonidos que emite un bebé son universales en el sentido de que dichos sonidos, conocidos también como fonemas, no pertenecen a ningún leguaje en concreto. Después de los seis meses de edad sí pronuncian los sonidos específicos de un lenguaje, que son el resultado de oírte hablar a ti y a otras personas.

Cómo ayudar a desarrollar el lenguaje

Habla con tu bebé siempre que puedas. Tanto el lenguaje infantil como hablarle con normalidad resultan útiles. Intenta que el ruido de fondo sea mínimo para que pueda oírte con claridad.

El bebé imita el movimiento de los labios, de modo que verte hablar es tan importante como escucharte. Mirarlo fijamente resulta también muy útil para mantener su atención y conseguir que tus palabras tengan más sentido.

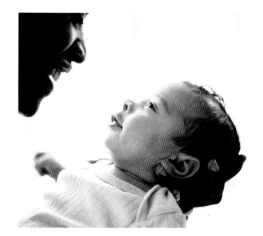

Conversa con tu bebé. Pregúntale cosas como «¿Quieres que te haga cosquillas en la barriguita?». Pronto aprenderá lo que significa hacer cosquillas en la barriguita, porque asociará la frase con lo mucho que se divirtió justo después de que la dijeras la última vez. Haz una pausa para que pueda responder. Aunque no contestará con palabras, conoce las reglas de la conversación, de modo que le estarás ayudando a relacionarse, así como a entender distintas clases de frases y el ritmo del habla. También debes responderle cuando él balbucee en tu presencia.

Léele y cántale canciones y nanas. La música ayuda a captar la atención del cerebro y puede expresar distintos estados de ánimo, pero baja el volumen y no dejes la música puesta todo el tiempo. El exceso de sonidos puede interferir en la capacidad de concentración del niño e incluso perjudicar su desarrollo intelectual.

Las familias bilingües

Si deseas que tu hijo crezca hablando más de una lengua, cuanto antes empieces mejor. Los bebés tienen un cerebro adaptable, sobre todo en la fase de los sonidos universales. Desde la más tierna infancia tu bebé puede empezar a aprender con facilidad otro lenguaje a la vez que el que tú consideras tu lengua materna. Muchos bebés crecen en familias en las que se hablan dos lenguas. Es la forma más segura de llegar a ser realmente bilingüe y de tener un acento excelente en ambas lenguas.

A algunos padres, e incluso a algunos expertos en salud, les preocupa que la educación bilingüe pueda provocar dificultades en el habla. Sin embargo, no existen pruebas de que los bebés se confundan si oyen más de una lengua, o de que a causa de ello aprendan a hablar más tarde. Los niños bilingües aprenden a hablar al mismo tiempo y con la misma fluidez que los demás niños. Durante algún tiempo es posible que mezclen ambas lenguas en una misma frase, pero eso no persiste.

ya sabe sentarse

6-12 meses

¿cómo es?

A medida que crece, tu bebé aprende a un ritmo increíble, y sus nuevas destrezas físicas le permiten realizar importantes observaciones. Ahora le encanta estar sentado. Eso cambia su percepción del mundo porque lo ve tal y como es, del mismo modo que tú.

Nuevos descubrimientos

El campo visual de tu bebé mejora durante el segundo semestre de vida, de modo que sus horizontes se amplían gradualmente. Lo toca todo, así que tiene muchas experiencias sensoriales nuevas y no se pierde casi nada de lo que ocurre a su alrededor.

Está sediento de descubrimientos, y gracias a que coordina mejor el movimiento de los músculos y también los gestos de la mano y la vista, puede realizar hallazgos importantes acerca de cómo funcionan las cosas. Averigua qué ocurre cuando golpea la mesa con la pieza de un juego de construcción o cuando toca algún adorno que le gusta. Lo investiga todo porque es como un científico en miniatura y el mundo es su laboratorio.

Dado que la movilidad del bebé no es completa, puedes poner los objetos peligrosos o que no quieres que toque lejos de su alcance sin problemas. Pero eso significa que deberás ponerle cerca cosas interesantes. Sigues siendo tú quien debe enriquecer su entorno y proporcionarle la estimulación necesaria para potenciar su desarrollo.

Nuevos pensamientos

Las conexiones del cerebro de tu bebé se multiplican rápidamente durante este período y su cerebro empieza a ser capaz de funcionar de otras formas. Alrededor de los ocho meses, el niño es capaz de reconocer objetos complejos de un modo muy parecido al de un adulto. Hacia los nueve meses sus descubrimientos incluyen algunos

principios nuevos importantes, como la «permanencia de los objetos» y la «permanencia de las personas».
Dicho de otro modo, aprende que las cosas y las personas siguen existiendo incluso cuando no puede verlas.

Durante estos seis meses tu bebé dirá la primera palabra. Entiende mucho más que una palabra, por supuesto. Cuando no sabe cómo se llama algo, sabe que señalándolo conseguirá llamar tu atención. Necesita interactuar contigo, no solo para ampliar su vocabulario, sino también para ampliar sus pensamientos en todos los sentidos.

El cerebro en desarrollo

Cuando cumpla el año, el cerebro de tu bebé pesará más del doble que cuando nació. En la parte de delante del cerebro se está formando la región denominada córtex orbitofrontal. Es la parte que se asocia con las habilidades sociales y las respuestas emocionales. El número de conexiones entre las células nerviosas del córtex prefrontal, que relaciona distintas partes del cerebro y es importante para dominar el comportamiento, aumentan también muy rápidamente entre los seis y los doce meses.

La personalidad y las relaciones

Ahora la personalidad y el intelecto de tu bebé resultan más obvios, igual que las cosas que le gustan y las que no. Parece mucho más una personita que un bebé.

El desarrollo intelectual y emocional del niño depende básicamente de su relación contigo. Es como una abeja muy atareada, por lo que quizá necesite menos abrazos que antes. No obstante, su dependencia sigue siendo evidente en la forma en que te busca para que le consueles. Alrededor de los seis meses puede ponerse nervioso si te vas de la habitación y seguramente tratará de evitarlo. Cuando hay desconocidos es muy posible que se muestre pegajoso. Todo es habitual a esta edad, y un signo de que se está desarrollando con normalidad.

LOGROS A LOS 12 MESES

A los 12 meses tu bebé
- puede sentarse sin ayuda
- puede jugar con los juguetes estando sentado
- puede levantarse en la cuna o apoyándose en cualquier otro sitio
- puede sentarse estando en posición erguida
- puede moverse por la habitación rodando
- puede gatear o arrastrarse
- puede andar de lado sujetándose a los muebles
- puede andar sin ayuda o cogido de una mano
- domina el movimiento de pinza
- ya no se pone las cosas en la boca continuamente
- puede dejar caer las cosas a voluntad
- puede dejar caer las cosas deliberadamente para que tú las recojas
- conoce la permanencia de los objetos y las personas
- copia tus acciones
- quiere hacer muchas cosas él solo
- sabe comer con las manos
- reconoce muchos objetos domésticos
- entiende las preguntas y las peticiones sencillas
- conoce bien su nombre
- dice tres palabras con significado
- se muestra tímido con los desconocidos

la alimentación del bebé

La comida alimenta el futuro de tu bebé. Lo que coma ahora condicionará durante años su salud y su desarrollo. Además de probar alimentos con distintos sabores y texturas, el bebé debe aprender a comer acompañado. La comida tiene un importante papel social dentro y fuera de la familia.

La introducción de alimentos sólidos

Alrededor de los seis meses tu bebé necesitará otros alimentos además de la leche materna o de fórmula. E igualmente importante es que estará preparado para afrontar la experiencia nueva de comer cosas sólidas. Debe aprender a masticar y a tragar, un proceso distinto del de

beber. Estas acciones ayudan a desarrollar los huesos y los músculos de la mandíbula, de modo que también son importantes para el desarrollo del habla.

Primero sus pupilas gustativas deben acostumbrarse a los nuevos alimentos. Luego aprende a comer solo con la ayuda de su recién desarrollada coordinación entre la mano y la vista. Como ocurre con otras facetas del desarrollo, es ahora cuando debe hacerlo. Si sigue tomando solo leche hasta después de los ocho meses, le costará acostumbrarse a los sólidos.

Las bebidas

El bebé debe aprender a beber en vaso. Los vasos adaptados con pequeños orificios van bien como transición. Puede tomar productos lácteos, aunque la leche de vaca no debe ser su bebida principal. Tiene que seguir tomando leche materna o una leche de continuación. Para proteger sus dientes, limita los zumos de fruta (y los alimentos dulces) a las horas de las comidas. Entonces el flujo de saliva es mayor y el azúcar queda más diluido.

Alimento para el cuerpo

Entre los primeros alimentos apropiados para un bebé están el arroz, el puré de verduras y la papilla de frutas. Puede ampliar el menú con alimentos de textura más irregular y luego probar las lentejas, los productos de trigo, el pescado, la carne, el pollo y los productos lácteos enteros. Las cosas que puede comer él solo con las manos, como las tostadas y los trozos de fruta, adquieren importancia a partir de los ocho meses.

Asimismo, la variedad es fundamental. Los bebés que toman un surtido limitado de alimentos pueden tener problemas de mayores: habrá muchas cosas que no les gusten y seguramente serán caprichosos con la comida.

Tu bebé necesita alimentos diferentes y saludables, pero sus necesidades son ligeramente distintas de las de un adulto. No limites las grasas, por ejemplo. Necesita las grasas, sobre todo los ácidos grasos esenciales (ácidos grasos poliinsaturados de cadena larga), que son imprescindibles para el desarrollo de los ojos y el cerebro (véase p. 27). Están presentes en muchos aceites, como el de girasol, así como en el pescado. También necesita el hierro suficiente; los estudios demuestran que alrededor de una cuarta parte de los bebés tienen una deficiencia de hierro. Para los huesos necesita calcio y vitamina D. Puedes darle un complemento para bebés que contenga vitaminas A, C y D.

La alimentación y el desarrollo social

Intenta comer con el bebé, aunque sea solo de vez en cuando, desde el principio. Tu ejemplo es fundamental, de modo que evita comer siempre a la carrera. Si ve que tú te sientas y te levantas continuamente de la mesa, será normal que él acabe haciendo lo mismo a la mínima oportunidad.

El bebé se sentará enseguida a la mesa con su trona y participará en las comidas familiares. Podrá comer lo mismo que los demás siempre que tenga poca sal, azúcar y especias.

Los modales en la mesa

Los bebés no son cuidadosos por naturaleza. Las primeras veces que tome alimentos sólidos el niño meterá las manos en el plato y acabará con la barbilla chorreando e incluso la cara y el pelo completamente pringados. Intenta no enfadarte; tan solo está averiguando cómo son los nuevos alimentos.

Tu bebé intentará cogerte la cuchara, pero todavía no sabe comer solo. Puedes darle otra cuchara para que la agite, golpee la trona o se la meta en la oreja mientras le das de comer.

Las preferencias

Si tu bebé rechaza un alimento concreto, olvídate de él durante unos días y luego vuelve a ofrecérselo. También es posible que le guste si se lo das de otra forma, por ejemplo en puré en vez de en trocitos. Si sigue sin gustarle, déjalo. Después de todo, a muchos adultos también hay cosas que no les gustan. No debes forzar nunca al pequeño a comer, pues podrías hacerle aborrecer la comida en general. Cuanto más relajado estés en relación con el tema de la alimentación, mejor para ambos.

alimenta sus sentidos

Todos los sentidos contribuyen de forma significativa al desarrollo físico e intelectual del bebé. Durante estos seis meses, incluso el juguete más simple puede constituir una experiencia enriquecedora.

Juegos multisensoriales

Alrededor de los seis meses, cuando un bebé encuentra un objeto nuevo, lo mira, lo toca, lo huele, lo prueba y a menudo lo deja caer o lo usa para golpear algo. Le interesan no solo el peso y el tamaño de las cosas de su entorno, sino también el color, la temperatura, la textura, la dureza y si hace ruido o no. Sus dedos son muy sensibles, y su boca contiene todavía más terminaciones nerviosas sensoriales, de modo que no se limita a probar. El bebé explora con los dedos y la boca las propiedades de todo lo que tiene cerca.

Durante la primera infancia el aprendizaje es una experiencia directa y todos los sentidos aportan algo. Cuando un niño utiliza más de un sentido para analizar un objeto, luego lo recuerda mucho mejor que si se hubiera limitado a mirarlo. Probablemente tú preferirías que no lo tocara todo y que no llenara de babas el asa de tu bolso, pero él aprende de ese modo.

Un bebé necesita distintos tipos de juguetes para estimular sus sentidos, pero pueden ser juguetes sencillos.

Si le ofreces dos bloques de construcción, cogerá uno con cada mano y los pondrá uno junto al otro como si los estuviera examinando. Los clasificadores de formas le ayudan a establecer comparaciones entre tamaños y formas.

Los juguetes improvisados con sartenes, cestas, botes de yogur y cucharas de madera, son asimismo muy útiles. También puedes intentar que se interese por cosas más efímeras, por ejemplo las pompas de jabón y la espuma del agua del baño.

El control manual y el tacto

La capacidad de tu bebé para agarrar algo es cada vez más sofisticada. Alrededor de los ocho meses, hace lo que se supone que debe hacer un ser humano: forma una pinza con el pulgar y el índice y coge los objetos con los dos dedos en vez de agarrarlos con toda la mano. Ello mejora su aprendizaje, porque puede manipular las cosas y estudiarlas con más detalle, y hacerlas girar en la mano para observarlas desde todos los ángulos. Además, a veces empuja cosas con el índice. Le gustan los juguetes, pero también las llaves, los botones y los guisantes del plato. La información sensorial contribuye a que la siguiente vez sus movimientos sean más refinados.

La exploración del cuerpo

El bebé puede dedicar mucho tiempo a tirarse de las orejas, morderse las manos e incluso chuparse los pies. Su boca puede notar los dedos del pie y viceversa, de modo que, a través de los sentidos, disfruta el doble. Explorando su cuerpo de este modo puede confeccionar un mapa mental de su persona física.

Discriminación visual

La vista del pequeño está mejorando, pero tiene un largo camino que recorrer antes de ser tan buena como la de un adulto. Durante los primeros meses de vida del bebé, el número de conexiones entre las células nerviosas del cerebro aumenta rápidamente, alcanzando su máximo desarrollo alrededor de los nueve meses; eso es importante para aumentar su percepción visual.

Puedes mejorar la capacidad de observación del bebé mirando con él las imágenes de los libros. Los rompecabezas sencillos también contribuyen a su desarrollo sensorial y mejoran la coordinación del movimieno de la mano y la vista. Al principio le costará dominar incluso los rompecabezas más sencillos, pero enséñale lo que debe hacer y entenderá la idea. A medida que sea más hábil y su percepción mejore, le bastará una simple pista para saber dónde debe poner las piezas. De todos modos, no a todos los niños se les da igual de bien hacer rompecabezas, de manera que no le exijas demasiado.

Tu bebé puede seguir un juguete en movimiento y cada vez está más interesado en moverlos él mismo. Es un buen momento para jugar con objetos que tengan ruedas pequeñas (siempre que sean indicados para su edad). También le gustará hacer rodar una pelota, sobre todo si hace ruido, y le encantarán los juguetes que se enderezan al volcarlos.

La permanencia del objeto

Al principio el bebé no agarra de forma completamente voluntaria, y no puede soltar las cosas a voluntad, pero alrededor de los nueve meses sabe dejar caer un objeto que tiene en la mano cuando quiere. Al hacerlo descubrirá conceptos como la gravedad y el peso.

A los seis meses el bebé no busca los objetos que desaparecen de su vista, pero a los ocho o nueve sí. Esto se debe a que descubre la permanencia del objeto. El concepto de permanencia, que es obvio para un adulto, es una cuestión importante que en el pasado ocupó la mente de los más destacados filósofos. El hecho de que un bebé entienda la permanencia del objeto es un signo de su madurez intelectual y también un indicador de su memoria. Ahora el niño es capaz de encontrar un juguete que le enseñaste antes de taparlo con una manta o un cojín.

Desde este momento puedes jugar a versiones sencillas de juegos como el escondite, que le harán sonreír o incluso troncharse de risa. Sin embargo, debes tener cuidado, ya que los bebés pueden frustrarse si el desafío es excesivo para ellos.

Además de con juguetes, le encantará jugar con tus llaves, con los botones de la ropa y con los guisantes del plato. La información sensorial contribuye a que cada vez sus movimientos sean más refinados.

Causa y efecto

Tu bebé ha mejorado su capacidad de manipulación, por lo que es un buen momento para introducir juguetes sencillos que hagan algo. Con ellos el bebé se divertirá mientras aprende la relación causa-efecto.

El hecho más corriente sirve para que tu hijo aprenda algo. Empuja una pelota y esta se va rodando; si la empuja más fuerte rueda más lejos. Poco a poco aprende que a mayor fuerza, mayor es el efecto. Hay una fórmula matemática para expresarlo, pero deberán transcurrir varios años para que los niños entienda qué es una ecuación.

En esta etapa les gustan mucho los centros de actividades, las cajas de música y los juguetes con botones para apretar o palancas para levantar. Algunos de estos últimos están especialmente pensados para el baño, el lugar favorito de muchos niños a esta edad.

Los instrumentos musicales de juguete, como los tambores y los xilófonos, suelen gustarles también, y sirven para mostrarles la relación causa-efecto; el resultado de sus esforzados golpes, sin embargo, solamente les parecerá melodioso a ellos.

Los juegos estimulantes

Las actividades más sencillas pueden estimular los sentidos de tu bebé y ayudarle a desarrollar una buena coordinación. Jugar a buscar objetos puede ser una buena fórmula para refinar su capacidad de observación y animarle a coger cosas. No obstante, todavía no debes esperar que te ayude a recoger juguetes. También puedes jugar a «dámelo por favor», que consiste en pasaros juguetes o pequeños objetos el uno al otro. Si le das las gracias harás que el niño se sienta bien mientras les enseñas buenos modales.

Los títeres de dedo son muy divertidos, y pueden resultar muy útiles para matar el tiempo en una sala de espera, o mientras haces tiempo para el tren o el avión. Los títeres ejercitan la imaginación y estimulan los sentidos, y de paso le ayudan a permanecer sentado.

Juega a las palmas. Los movimientos rítmicos son buenos para la coordinación. Escóndete y aparece luego de repente delante del niño; este juego suele dejarles hechizados, y potencia la memoria y la concentración.

Papel y lápices de colores

Tu bebé disfrutará arrugando papeles y es posible que intente garabatear en ellos. Todavía no está preparado para usar lápices de colores normales, de modo que unos gruesos y cortos serán los más adecuados para él. Todavía le queda mucho para aprender a dibujar, pero es posible que le guste hacer garabatos. También puede rasgar el papel o rayarlo con ceras, todo tiene valor desde el punto de vista educativo.

Los juegos en solitario

La mayor parte del tiempo tu bebé querrá jugar contigo, aunque habrá muchos momentos en los que se entretenga solo con algún juguete o investigando cosas. Mientras estés cerca se sentirá seguro. Es bueno que juegue solo, ya que eso contribuye a aumentar su capacidad de concentración. Saca los juguetes suficientes para que esté entretenido, pero no demasiados, o acabará distrayéndose.

el dominio del movimiento

Después de los seis meses, los músculos se fortalecen y aumenta el sentido del equilibrio. El niño entra en una etapa muy activa y cambia continuamente de posición. Estos movimientos le divierten y le ayudan a desarrollar el control de la musculatura.

Girar, arrastrarse y gatear

Tu bebé aprenderá a pasar de estar boca arriba a estar boca abajo y viceversa con la ayuda de las manos. Puede rodar por toda la habitación haciendo este movimiento.

Poco después aprende a arrastrarse boca abajo hacia delante impulsándose con las manos. A los ocho meses puede arrastrarse como si fuera un soldado a lo largo de una considerable distancia. Alrededor de los nueve meses empieza a utilizar más las piernas y despega la barriga del suelo. Las primeras veces que intenta gatear suele desplazarse hacia atrás, pero enseguida lo hace hacia delante.

Los movimientos fluidos

La fluidez de movimiento es tan importante como la velocidad. Antes de cumplir un año debe ser capaz sin problemas de empezar a gatear estando sentado y de volver a sentarse. Anímale haciéndole señas para que se acerque a ti y colócale juguetes de modo que tenga que hacer un esfuerzo para alcanzarlos.

A muchos bebés les encanta gatear a través de un túnel infantil largo, o a través de una caja de cartón grande abierta por ambos extremos. Ponle ropa que le resulte cómoda para gatear. Seguro que no quieres que tropiece con alguna

Antes de cumplir un año debe ser capaz de empezar a gatear estando sentado y de volver a sentarse. Hazle señas para que se acerque a ti y colócale juguetes de modo que tenga que hacer un esfuerzo para alcanzarlos.

prenda demasiado holgada ni tener que preocuparte por si ensucia la ropa bonita.

Sentarse

Alrededor de los seis meses tu bebé será capaz de sentarse sin ayuda y poco después podrá jugar con un juguete colocado en el suelo delante de él. A los ocho o nueve meses sabrá balancearse adelante y atrás, y de un lado a otro, sin caerse. Alargará la mano para alcanzar los juguetes y podrá pasar de estar sentado a rodar y viceversa. Puedes ayudarle a ganar confianza haciendo rodar una pelota por el suelo hacia a él. A tu bebé también le gustará moverse cuando esté sentado en la bañera, pero sujétale con una mano mientras juega.

Levantarse

Hacia los nueve meses tu bebé se pondrá de pie con la ayuda de un punto de apoyo. Al principio le costará volver a sentarse solo y tendrás que acudir en su auxilio. A los once meses lo más probable es que sea capaz de sentarse estando de pie a siempre que le apetezca.

Puedes contribuir a mejorar su fuerza y su equilibrio cogiéndole por el tronco o los brazos y haciéndole saltar de pie sobre sus pies. Es muy posible que mientras le guste escuchar un disco de canciones infantiles o que le cantes algo tú.

Deambular y andar

Alrededor de los diez meses muchos bebés han aprendido a andar de lado por la habitación sujetándose en distintos sitios, una actividad que se conoce como «deambular por los muebles». Desde ese momento pueden combinar el gateo y

la deambulación por los muebles para ir de un sitio a otro. Antes de aprender a andar sin ayuda, y durante algún tiempo después, moverse en un correpasillos con cubos de construcción les divertirá y les proporcionará estabilidad.

Arrastrarse tumbado o con el culito

Hay bebés que no llegan a gatear. Muchos siguen reptando boca abajo, mientras que otros optan por deslizarse arrastrando el trasero. Haga lo que haga, es muy posible que se desplace a toda velocidad.

Algunos bebés siguen arrastrándose con el culito durante muchos meses, y entre ellos los hay que empiezan a andar muy tarde. La edad media a la que suelen empezar a andar los niños son los trece meses, pero algunos bebés que se arrastran no empiezan hasta los dos años. A la larga eso no parece tener demasiada importancia. De todos modos, si tu bebé no anda alrededor de los dieciocho meses, o te preocupa cualquier otra cosa en relación con sus movimientos, llévale al pediatra.

Fomentar el movimiento

Los accidentes pueden causar lesiones al bebé y dañar seriamente su confianza en las nuevas habilidades. Para evitarlos, elimina los manteles que cuelgan y los objetos poco sólidos que tu bebé pueda usar como punto de apoyo. Durante la mayor parte de esta etapa, el niño no necesitará andar siempre con zapatos. Su estabilidad depende del tacto, de modo que lo ideal es que vaya sin zapatos ni calcetines siempre que no haga frío.

La piscina

A partir de los seis meses, a tu bebé quizá le guste ir de vez en cuando a la piscina municipal. Es demasiado pequeño para nadar, pero le encantará sentir que flota en el agua y hacer movimientos diferentes. Debes sujetarle todo el tiempo, aunque lleve manguitos o flotador. De todos modos, lo normal es que quiera que estés cerca. Si le da miedo el agua, no le fuerces, ya que podría ser contraproducente. Averigua en qué piscinas organizan clases para bebés con sus papás. Es más fácil que un bebé adquiera confianza si el agua está templada y no hay niños más mayores saltando alrededor.

habla con tu bebé

En algún momento de estos seis meses, cuando menos te lo esperes, tu bebé dirá la primera palabra real. Es el resultado de analizar todo lo que oye y de practicar los sonidos.

La comunicación temprana

Los seres humanos tenemos un instinto innato para hablar, pero para aprender a utilizar el lenguaje correctamente, el bebé necesita la inteligencia, una cierta comprensión del mundo y el ejemplo de los que hablan a su alrededor. Por eso resulta esencial animar al bebé a comunicarse.

El lenguaje es algo más que la palabra hablada. Una posible definición sería «una serie de símbolos para comunicar pensamientos». El lenguaje, por tanto, incluye los actos de leer y escribir. Dado que los bebés aprenden a hablar antes que a leer, el habla será el primer indicio de las habilidades del bebé relacionadas con el lenguaje. Curiosamente, los bebés a los que se les habla mucho suelen convertirse en buenos lectores y buenos conversadores.

El entendimiento

El lenguaje se aprende en dos etapas: primero comprendemos a los demás y luego producimos sonidos. Un bebé de seis meses puede comprender la mayor parte de lo que dices, y a los nueve meses responde claramente cuando dices su nombre. Reconoce el nombre de unos veinte objetos corrientes y puede mostrarse excitado cuando mencionas uno de sus favoritos. Demuestra que entiende algunas de tus preguntas y a los once meses es posible que te bese si se lo pides.

El lenguaje corporal

En esta etapa el bebé utiliza mucho el lenguaje corporal, de un modo parecido a como lo hace un adulto cuando intenta hablar en una lengua extranjera. Puede mostrar cosas o compartirlas, y dichas acciones equivalen a conversaciones. Tu bebé quiere que le hables, con frecuencia sobre las cosas que te está ofreciendo. A veces querrá que os paséis juguetes el uno al otro, en una especie de diálogo. Cuando quiere algo, o simplemente cuando no sabe cómo se llama una cosa, la señala con insistencia y es posible que gruña para llamar tu atención. Los psicólogos del desarrollo suelen denominar este comportamiento «observación referencial». En ese caso tú debes contestar: «Sí, es una bicicleta», para ampliar de ese modo tanto su entendimiento como su vocabulario.

Las habilidades relacionadas con el lenguaje

Proporciona a tu bebé un entorno interesante y lleno de amor. Los bebés no necesitan un estímulo constante, pero precisan hablar e interactuar.

Aprovecha la más mínima oportunidad para hablar con tu hijo mirándolo y diciendo su nombre con frecuencia. Utiliza frases sencillas e intenta que tus acciones se correspondan con tus palabras. Puedes seguir usando el lenguaje infantil, pero no todo el rato, ya que debe aprender a hablar bien.

Haz pausas para que tu bebé pueda responder. Cuando sea él quien inicia la comunicación señalando, haciendo ruidos o ofreciéndote un juguete, contéstale siempre. Di «por favor» y «gracias» cuando os paséis las cosas el uno al otro. Así le muestras tu agradecimiento y le enseñas buenos modales.

Las nanas, los juegos de dedos y las canciones sencillas sirven para potenciar la capacidad de concentración y atención del bebé. Leerle cuentos amplía su capacidad de comprensión y ayuda a inculcarle desde muy pequeño el gusto por la lectura.

Las primeras palabras

Antes de empezar a hablar, los bebés utilizan su memoria a largo plazo para almacenar las palabras que oyen. Este proceso se inicia en serio entre los seis y los ocho meses, que es cuando el bebé aprende los sonidos de su lengua materna.

El niño empieza a probar distintos sonidos y consigue juegos vocales más sofisticados y parecidos a una conversación de verdad, tanto por el ritmo como por el tono. A partir de los ocho meses más o menos, tu bebé

copia muchos de los sonidos que tú haces, y emite una mezcla de voces formadas por una o dos sílabas.

A los nueve o diez meses tu bebé dice la primera palabra. Suele ser «pa» o «pa-pa», aunque pase la mayor parte del tiempo con la madre, porque decir «pa» es más fácil para los bebés que decir «ma». A los doce meses tu bebé pronuncia varias palabras distintas, y algunos incluso hacen frases cortas. Las niñas suelen hablar antes que los niños, pero existen grandes variaciones de un niño a otro. El hecho de aprender a hablar temprano o más tarde puede ser cosa de familia.

el aprendizaje del trato social

A los seis meses tu bebé demuestra ya claramente que está muy unido a ti. Los vínculos con los demás se forman sobre todo entre los seis meses y los cuatro años de edad. Los bebés tienen apego a quienes cuidan de ellos, que pueden ser varias personas.

Los vínculos con los demás

Normalmente, la primera persona a la que se siente unido un bebé es a su madre, pero no tiene porque ser así siempre. Los vínculos no dependen de quién le alimente o de cómo le alimente. Muchos bebés se sienten unidos primero a su madre, luego a su padre y luego a sus abuelos o cuidadores. Los estudios demuestran que, en contra de lo que temen muchos padres trabajadores, el vínculo que establecen con su cuidador no debilita lo que sienten por el padre o la madre.

Permanencia y separación

Los bebés de más de seis meses comprenden el concepto de «permanencia de la persona». Dicho de otro modo, que alguien sigue existiendo aunque deje de estar en la habitación. A los ocho meses el bebé tiene una imagen mental de la gente que es importante en su vida. Esto es fundamental para establecer lazos y para su independencia futura.

Alrededor de los seis meses tu bebé empezará a jugar solo, pero es posible que se ponga nervioso si sales de la habitación. Intentará seguirte y llorará de forma intensa y prolongada. A veces se mostrará muy pegajoso, especialmente si está cansado o cambias su rutina. A los padres les preocupa ese comportamiento, sin embargo, es una etapa normal de su desarrollo e indica que el bebé se siente unido a ellos. Por eso debes decir adiós cuando te vayas, e incluso explicarle cuándo vas a volver. Todavía no entiende qué significa «dentro de una hora», pero pronto lo entenderá.

Por ahora lo importante para él es saber que no te marchas para siempre.

La expresión de las emociones

Al año de vida tu bebé sabe decir adiós con la mano, y le encanta hacerlo con la gente que más conoce. Su sentido de la diversión y otras emociones ahora se hace evidente. Se ríe cuando le haces cosquillas, juegas con él a «cucú» o dices mal la letra de una canción. Le encanta dejar caer cosas para que tú las recojas. Tus reacciones son importantes para él, y si lo que hace te divierte, lo hará una y otra vez.

Los desconocidos

Alrededor de los seis meses los bebés suelen mostrarse tímidos con los desconocidos. Esta reacción se suaviza alrededor del año, aunque incluso entonces es posible que tu hijo quiera que estés cerca cuando haya desconocidos. Quizás no se muestre tan melindroso, no obstante, tu presencia sigue siendo importante y es posible que quiera saber dónde estás. Por eso no le importa alejarse gateando para jugar, pero se pone triste si eres tú quien se aleja.

Los otros bebés

Alrededor de los nueve meses, a los bebés normalmente les gusta estar con otros niños, aunque son demasiado pequeños para compartir o jugar juntos. Puedes potenciar

el desarrollo social de tu bebé encargándote de que vea otros bebés. Por regla general, las niñas son más sociables que los niños, y se interesan más por los demás. Se fijan en la cara de otras personas e incluso en sus sentimientos. Si tienes un niño, no obstante, es bueno que le ayudes a interpretar las emociones de los demás. A pesar de su corta edad, puedes empezar a hablarle con términos sencillos sobre distintas situaciones y las reacciones ajenas.

LOS OBJETOS QUE TRANQUILIZAN

Muchos bebés tienen un peluche favorito o una manta que sujetan mientras se duermen o en momentos de angustia. Estos objetos ayudan al bebé a afrontar el hecho de tener que separarse de ti y por tanto son un símbolo de su apego. A medida que crezca irá perdiendo interés por el perrito raído o el retazo de tela que llevaba a todas partes. Hasta entonces, es conveniente tener dos objetos idénticos, por si pierdes uno.

no para quieto

12-18 meses

¿cómo es?

Tu bebé cambia rápidamente. En algún momento de estos seis meses empezará a andar solo. Esta habilidad le lleva a hacer nuevos descubrimientos. Puede resultar todo un desafío cuidar de un bebé activo, pero consuélate pensando que utiliza su movilidad para potenciar su desarrollo intelectual.

Los cambios físicos

En cuanto domine el arte de andar empezará a meterse por todas partes, primero de forma aleatoria y luego sin parar y con mayor confianza. Gracias a que coordina mejor las manos y la vista, es capaz de lanzar una pelota y a veces incluso de cogerla, y puede construir estructuras cada vez más complejas con las piezas de construcción. Gracias a su posición erguida y más esbelta, tu pequeño es ya más un niño que un bebé.

Cada vez más y más

Los cambios externos se corresponden con el desarrollo de su intelecto. Se concentra mejor, por lo que aprende a jugar de forma continuada y puede, por tanto, desarrollar más sus destrezas. A veces está tan absorto en sus actividades que ni siquiera se fija en ti, pero cuando presta atención no pierde detalle. Es muy observador: imita lo que haces y luego lo utiliza en el juego imaginativo. Hacia los dieciocho meses empieza a crear un mundo lleno de fantasía.

Sus agudos sentidos le permiten aprender a anticiparse. Al poco tiempo sabe lo que tiene que hacer. Mientras le vistes te ofrece el brazo o el pie. Le queda mucho para ser independiente, pero está empezando a aprender a cuidar de sí mismo.

Observar y descubrir

La mayor movilidad del pequeño le permite analizar objetos desconocidos y vivir experiencias nuevas. Es curioso

e independiente, por lo que no siempre investigará las cosas que tú deseas que investigue. Un niño resuelto puede moverse muy rápido y encontrar peligros en su camino, de modo que la seguridad debe convertirse en una de tus prioridades.

No existe la habitación ideal a prueba de niños, y si existiera sería muy aburrida. Lo mejor es conseguir que su entorno sea seguro sin limitar las posibilidades de explorar y descubrir. En la práctica eso significa que hay que vigilarlo de cerca.

Comprender a los demás

El mayor logro de tu pequeño en este período es probablemente que empieza a comprender a los demás. Alrededor del año comienza a darse cuenta de que los demás no siempre piensan lo mismo que él. Sigue siendo egocéntrico, pero en su mente hay sitio ahora para el punto de vista de los demás, como mínimo a veces. Su vocabulario se amplía rápidamente y ello mejora su razonamiento. También empieza a comprender el concepto del tiempo. Entiende palabras como *ahora*, *después*, *antes* y *más tarde*, un avance importante para la estructuración de los pensamientos y los recuerdos. Mirándolo bien, es una etapa realmente interesante y llena de posibilidades.

LOGROS A LOS 18 MESES

A los 18 meses tu pequeño

- puede andar con paso seguro
- puede andar hacia atrás
- puede doblarse hacia abajo para coger un juguete
- aprende a subir escaleras
- puede hacer una torre con tres piezas
- emprende una etapa creativa e imaginativa
- sabe pasar las páginas de un libro
- puede ver los detalles pequeños de una imagen u objeto
- sujeta el lápiz con el puño
- puede garabatear con fluidez
- puede lanzar una pelota
- a veces puede cogerla
- es muy curioso
- es un gran imitador
- puede señalar imágenes de objetos familiares
- le gusta encajar cosas
- participa en juegos simulados
- puede comer completamente solo
- a veces intentar salir de la cuna trepando
- puede quitarse los zapatos y los calcetines
- alarga el brazo para que le pongas la manga cuando le vistes
- sabe como se llama
- reconoce muchas partes del cuerpo
- comprende la mayor parte de lo que dicen los adultos
- empieza a entender el concepto de los contrarios
- tiene cierta noción del tiempo
- mantiene largas conversaciones consigo mismo
- dice una media de 40 palabras
- suele construir frases de dos palabras
- puede tener una palabra o frase preferidas
- muestra cada vez más independencia
- puede reconocerse en un espejo
- juega con otros niños
- puede empezar a coger rabietas de vez en cuando

alimenta sus sentidos

Tu bebé se pasa la vida explorando el mundo que le rodea. Está muy despierto y siente curiosidad por todo. La actividad constante aporta nuevas cosas a su vida, algunas desconcertantes, otras deliciosas y muchas completamente absorbentes. En esta etapa, su entendimiento avanza a pasos agigantados.

Los detalles

A tu bebé le fascinan los pequeños detalles, como el dibujo de una alfombra o una miga en la manga. Puedes confeccionarle una «caja de descubrimientos» llena de cosas sueltas, tales como retales de tela, un peine, una o dos monedas, un imán y otras cosas parecidas, para estimular sus sentidos los días de lluvia.

Al año de vida, el bebé comprende las nociones de tamaño, distancia y perspectiva, pero su orientación espacial sigue siendo inmadura. Por eso a veces pone las piezas del rompecabezas al revés y es incapaz de entender por qué no encajan. Es mejor darle una pista discreta que hacerlo en su lugar.

Los conceptos y las propiedades científicas

La observación ávida del mundo que le rodea permite a tu hijo hacer importantes descubrimientos, tales como el efecto de la gravedad, la estabilidad de distintos objetos y la resistencia de los materiales. Ahora puede utilizar

los objetos de un modo completamente distinto de aquel para el que se supone han sido diseñados. Ese tipo de experimentaciones son normales y saludables, incluso cuando sacan de quicio a los padres. A través de la experiencia los pequeños comprenden que sustancias como el agua, la arena y el barro tienen propiedades especiales. Puedes ampliar sus conocimientos utilizando determinadas palabras, por ejemplo, *suave, liso, húmedo, líquido, pegajoso, granuloso,* etcétera.

Jugar con la arena y la plastilina ejercita la imaginación de tu pequeño. Para realizar estas actividades utiliza las dos manos, por lo que tienen especial utilidad en la estimulación de los dos hemisferios del cerebro, algo que favorece el desarrollo (véase también p. 117).

Los orígenes de las matemáticas

A tu bebé le divierte unir cosas. Puede disfrutar haciendo rompecabezas sencillos, ensartando cuentas en un hilo o colocando anillas en un palo. No siempre pondrá las cosas en el lugar destinado para ello, pero este juego es una forma de establecer comparaciones. Una pieza de construcción que cabe en el hueco que hay detrás del radiador tiene que ser más pequeña que otra que no cabe. Tu bebé aprenderá en seguida qué significa *mayor que* y *menor que*, y qué significa *menos* y *más*. Estas comparaciones básicas son conceptos clave que ayudan al niño a abordar las matemáticas.

Al mismo tiempo, el bebé aprende a ordenar las cosas por categorías, otra habilidad matemática temprana. Puede distinguir una mesa de una silla, un perro de un gato, etcétera. De vez en cuando, no obstante, se queda perplejo al ver una mesita cuadrada que podría ser un taburete.

El niño, un observador nato, busca patrones en las cosas y establece conexiones. Puede empezar a colocar las piezas de construcción en el suelo de un modo que le guste.

Construir y destruir

Los niños son grandes imitadores, de modo que tu bebé empezará a copiarte haciendo ver que se peina o que utiliza el ordenador. A partir de ahora puede jugar a «simular», una actividad que lo mantiene felizmente ocupado y hace que se sienta mayor. La planificación pasa a formar parte de sus actividades. Hacia los dieciocho meses su juego puede volverse muy imaginativo, y puede crear todo un mundo de fantasía alrededor de algo tan sencillo como un juego de café de juguete o un teléfono de plástico.

Juega con él cuando te lo pida, porque ello beneficia sus habilidades sociales. Si le apetece montará cosas bastante complejas con las piezas de construcción. A veces está más negativo y destruye las torres que tú has hecho, pero incluso entonces aprende algo sobre la construcción.

A esta edad tu bebé también garabatea con fluidez y disfruta haciendo garabatos en el papel. Dale todo el papel que necesite y ceras cortas y gruesas que pueda coger bien. Como siempre, tu reconocimiento estimula su progreso.

Amplía sus horizontes

Diversifica las experiencias de tu bebé organizando salidas. Probablemente le encantará ir al zoo, y puedes hablarle de los sonidos y los olores, además de las cosas que ve.

Incluso una simple visita al parque del barrio es una fuente de estímulos, ya que ofrece la posibilidad de montarse en los columpios, de jugar con castañas de Indias, de encontrar una hoja extraña, jugar con una pelota u observar a la gente. Muéstrale cosas interesantes, como las personas que esperan el autobús o un gato que toma el sol. Puedes asimismo mencionar otros sentidos, por ejemplo, haciéndole notar la sensación de la brisa templada en los brazos desnudos.

A esta edad mucho niños empiezan a disfrutar con el agua, ya sea jugando en una piscina para niños en el jardín de atrás, mojándose los pies en el mar o metiéndose en los charcos los días de lluvia.

Los libros incrementan las experiencias del bebé, monstrándole cosas que no forman parte de su vida diaria.

el dominio del movimiento

A los dieciocho meses, lo más probable es que tu bebé ya ande. A veces los padres se ponen exigentes con respecto a este tema, a pesar de que influye muy poco en el desarrollo intelectual del pequeño. Los bebés dan sus primeros pasos cuando están preparados, no cuando quieren sus papás o sus mamás.

El paso de bebé a niño

Al año es posible que el bebé ya ande, aunque quizá siga básicamente deambulando cogido a los muebles o gateando. Los bebés suelen andar sin ayuda más o menos a los trece meses, de modo que si aún no anda lo hará pronto. Cuando empiece, el bebé se convertirá en un niño.

En realidad, la forma elegida para moverse no tiene la más mínima importancia. Lo esencial es que se mueva, para poder explorar su entorno al máximo y seguir con su apasionante aventura llena de descubrimientos.

A su ritmo

A partir de los doce meses, a muchos bebés les gusta andar cogidos de la mano, pero no le obligues a hacerlo porque podrías dañarle el brazo. Además, obligarle a hacer algo que no le gusta, o para lo que no está preparado, le desanimará y retrasará su desarrollo. Los niños empiezan a andar cuando se sienten preparados, y, dentro de la normalidad, el abanico de posibilidades es muy amplio.

Acude al pediatra si tu hijo ya ha cumplido los dieciocho meses y todavía no ha empezado a andar, porque muy de vez en cuando puede existir algún problema de musculatura.

Los primeros pasos

Un buen día, sin previo aviso, tu bebé se pondrá de pie solo y dará sus primeros pasos vacilantes. Levantará los brazos, con los codos doblados, para tener mayor estabilidad. Es posible que no vuelva a andar sin ayuda durante algunos días, pero pronto volverá a hacerlo. Al empezar a caminar, coloca los

La forma elegida para moverse no tiene la más mínima importancia. Lo esencial es que el niño se mueva para poder explorar su entorno al máximo.

pies muy separados y da pasos vacilantes e irregulares, tanto por lo que se refiere a la longitud como a la dirección.

Qué puedes hacer para ayudarle

Puedes ayudar a tu bebé a superar el desafío que supone aprender a andar haciendo que tu casa sea lo más segura posible, para que pueda explorarla tranquilo. Los suelos muy encerados, las alfombras sueltas y los obstáculos son peligrosos para los novatos.

Cuando empiece a andar, tu hijo necesitará zapatos, pero por casa puede ir descalzo para ganar estabilidad. Si hace demasiado frío para ir con los pies desnudos puede llevar calcetines antideslizantes o zapatillas. A menos que tengas moqueta en toda la casa, las suelas de los zapatos deben ser antideslizantes.

Para andar por la calle necesita unos zapatos adecuados. Lo mejor es comprarlos en una tienda de calzado infantil, donde encontrarás asesoramiento experto. Los zapatos no deben ser de apoyo, pero deben irle bien y resultarle cómodos. Suelen ser mejores los zapatos blandos, porque su mayor sensibilidad ayuda al pequeño a perfeccionar la técnica de andar.

El equilibrio

Una vez es capaz de andar, el niño aprende rápidamente a mantener el equilibrio. Antes, pero también luego, puedes ayudarle sentándole en tus rodillas y haciéndole el caballito. Los juegos de palmas y las rimas mejoran su sentido del ritmo y también su coordinación.

Las madres suelen coger a los bebés de un modo distinto a los padres; las primeras son más tiernas y los segundos más físicos. Desde el punto de vista emocional, esa diferencia es buena para el bebé; además le ayuda a desarrollar su sentido del equilibrio.

La más probable es que a los quince meses tu pequeño ya ande bien, sin tener que llevar los brazos en alto. Pero seguirá cayéndose de vez en cuando, de modo que vigílale de cerca.

Si tienes escaleras en casa, pon una puerta de seguridad y ciérrala cuando no estés cerca. Un niño de quince o dieciséis meses puede subir las escaleras gateando y bajarlas deslizándose sobre la barriga o apoyando el trasero. A los dieciocho meses es posible que siga subiéndolas a gatas, o de pie y poniendo los dos pies en cada escalón.

En la calle el niño debe ir cogido de la mano por razones de seguridad. A algunos no les gusta; si ese es tu caso puedes usar unas correas, para que el pequeño tenga las dos manos libres.

Muchos padres y cuidadores siguen usando la sillita de paseo mucho tiempo después de que el pequeño haya aprendido a andar. Es difícil adivinar hasta dónde será capaz de llegar un niño que acaba de empezar a andar, además, la distancia que puede recorrer varía de un día a otro según su estado de ánimo. Cuando salgas de paseo resulta útil tener a mano una sillita plegable por si el pequeño se cansa.

YO LANZO, TU RECOGES

Para los padres es muy importante que su hijo empiece a andar, porque resulta un progreso obvio, pero existen otros indicadores igualmente destacables del dominio de los músculos más grandes. Dejar caer las cosas para que tú las recojas será uno de los pasatiempos preferidos de tu pequeño alrededor de los doce meses, pero hacia los dieciocho dejará de interesarle. A partir de los quince meses los bebés suelen ser capaces de tirar las cosas en la dirección deseada. Intenta que te lance la pelota o la haga rodar hacia ti. A su vez, él la cogerá con torpeza y, a menos que os sentéis muy cerca, se desanimará por sus desaciertos. A medida que mejore, podéis poneros más lejos el uno del otro. Este juego sencillo, ayuda a desarrollar su destreza con la pelota así como su coordinación de la mano y la vista y su sentido del equilibrio.

el aprendizaje del lenguaje

Al año tu pequeño se interesa cuando le hablas y sabe cómo se llaman muchos objetos. A los dieciocho meses conoce las partes del cuerpo. Entiende preguntas como «¿Dónde está el gato?».

Construir palabras, darles sentido

Un niño de un año dice una media de tres palabras con significado. También parlotea, utilizando una mezcla de palabras de verdad y otros sonidos inventados. Puede mantener largas conversaciones consigo mismo, o contigo, usando palabras, jerga, expresiones faciales y lenguaje corporal. A veces canta de un modo más o menos melodioso.

A los quince meses, repite la mayoría de las palabras que oye, de modo que no es de extrañar que su vocabulario aumente cada uno o dos días. A esta edad puede decir unas seis palabras con significado, incluidos algunos sonidos de dos sílabas, a veces son muchas más.

A los dieciocho meses es muy posible que tenga un vocabulario de unas cuarente palabras, pero quizá no las use todas correctamente. Por ejemplo, muchos niños de esta edad llaman «papá» a todos los hombres. Conoce su nombre y seguramente se refiere a sí mismo en tercera persona. No utiliza los pronombres, aunque los entiende cuando los usas tú.

Su pronunciación es inmadura, y algunos sonidos, como la «p», la «b» y la «m», le resultan más fáciles que otros. Le cuestan sobre todo las combinaciones de consonantes, de modo que dice «tigo» en vez de «trigo». A pesar de ello la mayoría de los adultos casi siempre entienden lo que dice, aunque tú serás quien le comprenda mejor. La mayor parte de los niños empiezan a juntar palabras para construir frases sencillas alrededor de los dieciocho meses, «Papá ido». Es posible que tenga una frase preferida y la use mucho. Esta frase o palabra favorita, que suele llamarse holofrase, puede significar muchas cosas distintas. Que utilice la palabra *leche* para referirse tanto a la leche como al zumo no significa que no los distinga.

Estimulación para desarrollar el lenguaje

Lo más importante que puedes hacer por tu pequeño es hablarle. Encuentra tiempo en tu apretada agenda para conversar con él. Cuando le hables míralo y di su nombre. Llama por su nombre a las cosas que veas, y habla de ellas. Las cosas y los acontecimientos más triviales son importantes para tu pequeño. Para ti la lluvia puede ser una lata, y que suene el timbre de la puerta a las siete de la mañana también. Sin embargo, para él puede ser algo fascinante, de modo que saca el máximo provecho de las experiencias del día a día.

Enséñale los colores para que los aprenda, pero no te preocupes si al principio se hace un lío con ellos. Ayúdale a reconocer grupos de cosas, como zapatos, perros, vasos, etcétera. Ayúdale a aprender las partes del cuerpo con canciones y nombrándoselas, por ejemplo, cuando le vistes y desvistes. La repetición contribuye al aprendizaje. Los libros con imágenes pueden ampliar sus conocimientos y sirven para comprobar si reconoce las cosas.

Las canciones infantiles y las preguntas sencillas

Enséñale canciones infantiles. Las palabras y las pautas de sonidos ayudan a ampliar las habilidades del pequeño relacionadas con el lenguaje. De vez en cuando puedes sustituir una palabra por otra. Él se dará cuenta, y probablemente se reirá, si dices «Pin Pon es un muñeco, se limpia la carita con agua y un bombón» (en vez de «con agua y con jabón»).

Anímale a hablar haciéndole preguntas sencillas como «¿Qué es eso?». No le interrumpas. Puedes promover que se exprese con palabras no respondiendo a sus demandas cuando solo use gestos. Pero no seas demasiado exigente.

el aprendizaje del trato social

Tu pequeño es encantador, y da gusto estar con él. Hay muchas personas, de la familia y de fuera, que son importantes para él. Se relaciona con ellas de formas distintas según lo cómodo que se sienta y el humor que tenga. Todos esos encuentros influyen en su desarrollo social.

Los lazos afectivos y las relaciones

A esta edad distinguirás claramente la personalidad de tu pequeño, y lo normal es que esté contento y activo la mayor parte del tiempo. Es posible que se muestre menos cariñoso que antes, pero sigue estando unido a ti y probablemente a otras personas.

En esta época establece relciones impotantes que son fundamentales para su bienestar y su desarrollo. Aunque cuando está atareado jugando no siempre te preste atención, sigue sabiendo donde estás, y está más contento i estás junto a él.

Si observas su comportamiento en el parque, verás que se aleja para investigar y vuelve cada cierto rato al banco donde estás sentada. De hecho, te usa como una especie de campo base desde el que se lanza a sus actividades independientes. Si te vas del banco sin decírselo, no le gustará y puede asustarse.

Al año tu pequeño puede mostrarse tímido con los desconocidos, pero eso cambiará poco a poco. A los dieciocho meses es posible que sea más sociable tanto con los adultos como con otros niños, y empezará a disfrutar jugando con ellos. Sin embargo, cada niño es un mundo. No te preocupes si tu pequeño sigue mostrándose reticente o casi nunca juega con otros niños.

Tener conciencia de los demás

A partir del año tu pequeño es más consciente de sí mismo. Si se mira en un espejo sabe que está viendo su cara. Asimismo, se convierte en un experto en comprender las expresiones de los demás. Si quiere saber lo que piensas de un desconocido (por ejemplo, del médico al que lo has llevado), observa tu reacción. Otras veces pone la mano en el pomo de la puerta y te mira a la cara para ver si es seguro abrirla. Eso se denomina «referencia social», y, de hecho, lo que hace tu pequeño es adaptar su reacción a la tuya. A partir de ahora no podrás ocultarle tus sentimientos.

Tu pequeño hace todo eso porque tiene una mayor percepción social. En torno a esta edad, una parte del cerebro llamada córtex orbitofrontal (véase p. 63), que a menudo se denomina cerebro social, se desarrolla muy rápidamente. La mayor parte del córtex orbitofrontal se desarrolla después del nacimiento, no en el útero, y sigue madurando hasta los dos o tres años. Lo interesante

es que el desarrollo del córtex orbitofrontal depende de la relación del pequeño con los demás. Sin amor y seguridad, esta parte relativamente pequeña pero vital del cerebro apenas crecerá.

El mal comportamiento

Para proporcionarle seguridad, el amor con el que solías colmarle de bebé debe continuar durante esta etapa. En general no es difícil mantener una relación amorosa con el pequeño, pero a esta edad los niños no siempre se portan bien, y a veces su comportamiento es difícil o incluso agresivo. Cuando tu pequeño se porte mal debes decirle que esa conducta no es aceptable, porque así aprenderá a distinguir lo que está bien de lo que está mal. Pero déjale claro que lo que no te gusta es su comportamiento, que él sí te gusta.

La timidez

Aunque muchos niños de esta edad son sociables, otros son muy tímidos. Temen ciertas situaciones sociales y obligarles a enfrentarse con alguna de ellas puede desencadenar verdadero miedo. Se desconocen las causas de la timidez, pero en parte pueden ser genéticas. Quizá te consuele saber que a veces los niños muy inteligentes son los más tímidos y sensibles. Podría decirse que es precisamente su sensibilidad lo que les hace más inteligentes.

Debes aceptarle tal y como es. No obstante, puedes hacer mucho. Intenta no criticarle. Burlarse de la timidez de un niño u obligarle a relacionarse con la gente puede ser muy cruel; lo más probable es que se disguste y que empeoren las cosas. Decirle que los niños no deben ser tímidos puede ser igualmente contraproducente.

Proporciónale amor y apoyo para que se sienta seguro. Con el tiempo superará la timidez, pero para conseguirlo necesita tu cariño y aceptación incondicional. Intenta no ser impaciente. Puede ser duro si tú eres sociable por naturaleza y tu hijo no lo es. Sin embargo, en este caso, como en otros muchos, debes respetarle tal como es, no querer que sea como te gustaría.

el espíritu independiente

18-24 meses

¿cómo es?

Ahora tu pequeño se ve a sí mismo como una persona distinta a ti, y a partir de los dieciocho meses es probable que sea mucho menos obediente. Lo positivo es que se está desarrollando muy deprisa intelectual y emocionalmente, y su aprendizaje se intensifica al acercarse a su segundo cumpleaños.

El establecimiento de las conexiones

Por fuera las cosas no parecen cambiar mucho, pero el período que va de los dieciocho meses a los dos años es una etapa extremadamente activa de maduración intelectual.

A los dos años su cerebro habrá desarrollado una compleja red celular llena de bifurcaciones que se parecerá mucho a la de un adulto, y habrá alcanzado el número máximo de sinapsis o conexiones entre las células. Ahora cada célula nerviosa o neurona tiene una media de entre 10.000 y 15.000 sinapsis.

A partir de este momento, el desarrollo intelectual dependerá de la eliminación selectiva de las sinapsis no necesarias y del refuerzo de las que sí lo son. La estimulación que recibe de ti el pequeño ejerce una influencia fundamental en la selección de las sinapsis que permanecen y las que no.

Preparado para el aprendizaje avanzado

Tu pequeño, lleno de energía y curiosidad, está preparado para aprender. Puede concentrarse en lo que le interesa. Su coordinación es también mejor que nunca. Hacia los dos años, o incluso antes, está a punto para iniciar el control de esfínteres.

En este período la zona del habla de su cerebro se desarrolla muy rápidamente. El nuevo vocabulario mejora su razonamiento. Alrededor de los dieciocho meses, tu pequeño es capaz de clasificar cosas y predecir acontecimientos. Tiene una noción más elaborada del tiempo y recuerda mejor las

cosas. Aprovecha bien todo lo que ha aprendido. Si no puede coger un juguetito que hay dentro de una taza, le da la vuelta porque sabe que la gravedad puede ayudar.

Pensar y planificar

Ahora la mente de tu pequeño resplandece con fuerza. Además de emplear algo de lógica, el niño comprende mejor lo que piensan los demás. Distingue entre objetos animados e inanimados y puede mostrarse amable.

Al mismo tiempo tu pequeño entra en una fase muy creativa e imaginativa. Ello se debe a que ya entiende el simbolismo. Así, por ejemplo, puede convertir una caja de zapatos en la cuna para su osito de peluche, y dar un nuevo uso a otras muchas cosas. Es capaz de sacar el máximo partido de los juegos simbólicos. Como puede jugar y concentrarse durante mucho más tiempo, ese tipo de juegos le mantienen bastante entretenido.

Cada vez más independiente

Tu pequeño es encantador y divertido la mayor parte del tiempo, pero su viaje hacia la independencia no es un camino de rosas. Hacia los dos años, cuando descubre su identidad propia, la negatividad se incorpora a su mundo emocional. Va a querer comer solo, vestirse solo y hacer solo muchas otras cosas, algunas de las cuales todavía no es capaz de realizar desde el punto de vista físico. Cuando intervengas para echarle una mano es muy probable que utilice su nueva palabra favorita, un *No* firme y rotundo. A veces, para ayudar a tu pequeño, deberás tener mucho tacto y mucha paciencia.

LOGROS A LOS 24 MESES

A los 24 meses, tu pequeño

- puede ir en triciclo, aunque no sepa pedalear
- puede andar deprisa y echar a correr
- sube y baja escaleras, poniendo los dos pies en cada escalón
- puede trepar por la mayor parte de las cosas
- puede sentarse y levantarse de la silla
- sabe chutar una pelota sin caerse
- puede pasar las páginas de un libro de una en una
- construye una torre de seis o más piezas
- puede copiar una línea recta
- se lava las manos solo
- puede ponerse los calcetines y los zapatos
- abre las puertas usando el picaporte
- distingue alimentos que le gustan mucho y otros que no soporta
- se despierta por la noche o muy temprano por la mañana
- es muy activo
- está en una fase enormemente creativa
- demuestra un sentido básico de la lógica
- se concentra bien
- puede recordar lo que ha ocurrido en un pasado reciente
- entiende una cantidad enorme de palabras
- dice frases de tres palabras
- utiliza los pronombres
- hace el plural de las palabras
- conoce su propio sexo
- se reconoce en las fotografías
- puede estar muy poco dispuesto a cooperar
- tiene rabietas cada vez con más frecuencia

la alimentación del pequeño

Tu pequeño se desarrolla muy rápidamente, de modo que su cerebro quema tanta energía, en forma de glucosa, como el de un adulto. No es de extrañar, pues, que deba alimentarse bien.

Alimentos y bebidas fundamentales

Tu pequeño necesita un buen desayuno para afrontar el día. Además de las comidas principales, necesitará algún tentempié. Por el bien de sus dientes, reduce al mínimo los productos azucarados entre comidas.

El apetito varía de un niño a otro, y a veces los niños muy activos muestran poco interés por la comida. Mientras el pequeño se muestre activo y crezca, lo más probable es que no haya ningún problema. El cerebro también necesita agua, de modo que dale de beber siempre que tenga sed. No es necesario obligarle a beber.

Un exceso de líquido podría incluso empeorar su rendimiento intelectual.

Tu pequeño precisa muchas vitaminas y minerales diferentes. El hierro es un elemento vital, no solo para evitar la anemia, sino también para mejorar el estado de ánimo y la concentración. Muchos niños pequeños tienen una dieta pobre en hierro, y un 15 por ciento de ellos corren el riesgo de sufrir una seria falta de hierro. La carne, el pescado y las verduras verdes son buenas fuentes de hierro. El mineral se absorbe mejor si se toma junto con la vitamina C; un vaso de zumo de naranja en las comidas puede ayudar.

Ácidos grasos esenciales

Las grasas omega 3 y omega 6, conocidas como ácidos grasos esenciales de cadena larga, desempeñan un importante papel en muchos procesos del cuerpo y favorecen el desarrollo de los ojos, el comportamiento, la concentración y el aprendizaje. Según los estudios, los niños con hiperactividad, dislexia y otros problemas similares pueden mejorar si toman más ácidos grasos.

Aunque no se ha demostrado, estas grasas pueden ser útiles para cualquier niño. Basta con comer dos o tres veces por semana algún pescado azul, como caballa, salmón o sardinas. Las grasas omega 3 se encuentran también en el pescado blanco, las nueces, las verduras de hojas verdes y la soja, de modo que es importante comer de forma variada. También puedes optar por darle un complemento dietético de aceites omega 3 y omega 6.

La persuasión

Conseguir que un niño coma lo que le conviene puede ser bastante difícil. Da buen ejemplo e intenta que durante las comidas no haya conflictos emocionales. Dale al pequeño distintos alimentos, que además de estimular su crecimiento sirvan para educar su paladar. No hace falta que deje el plato limpio del todo. Las raciones son arbitrarias y no puedes saber lo hambriento que está. Además, los niños a esa edad pueden negarse a comer por sistema. Si tiene hambre comerá, y si lo que hay no le gusta, comerá la próxima vez.

Los modales en la mesa

Los niños pueden utilizar cubiertos, siempre que tú le cortes determinados alimentos, aunque los dedos ayudan también. Aunque no tengan unos modales exquisitos, la mayoría de los niños saben estar a la altura de las circunstancias y es bueno comer fuera de vez en cuando. Simplifica las cosas; una comida larga con varios platos puede ser demasiado.

Los niños pueden tomarse su tiempo, y si tardan mucho en comer, hay que tomárselo con calma. Si consideras que la comida se ha terminado, retírale tranquilamente el plato y dile que puede levantarse.

La obesidad y la actitud frente a la comida

Como es natural, los índices cada vez mayores de obesidad infantil preocupan mucho a los padres, pero no hay ninguna razón para limitar la ingesta de alimentos a un niño que está creciendo. Lo único que debes hacer es tener una actitud adecuada. No le ofrezcas comida como recompensa ni se la retires como castigo. Intenta no hablar de regímenes y de pérdida de peso delante del niño. En vez de eso, favorece una actitud saludable con respecto a la comida. Es energía para el cuerpo y además suele saber bien. Eso es todo.

alimenta sus sentidos

Ahora tu pequeño es listo y curioso. Se concentra en aquello que le interesa, pero se distrae con facilidad. Solo es capaz de centrarse en una cosa, de manera que reduce al mínimo las distracciones. Si cuando juega no te hace caso es porque está demasiado ocupado para escuchar.

El orden

No saques a la vez todos los juguetes del pequeño. Dejando a parte el tema de la seguridad, existe el riesgo de que se aburra si está todo por el medio. Asimismo, es bueno que se acostumbre a cuidar de sus juguetes y a guardarlos cuando haya terminado. Muy pocos niños son ordenados por naturaleza, de modo que no lo aprenderá de la noche a la mañana. Puedes ayudarle convirtiéndolo en un juego útil; por ejemplo, tú puedes guardar todas las piezas azules mientras él guarda todas las rojas.

Grupos y categorías

Ahora que tu pequeño entiende el concepto de categoría puedes pedirle que encuentre o guarde las cosas por grupos, por ejemplo, todos los animales de granja. Puede aprender qué cosas van juntas, como los zapatos y los calcetines, o las tazas y los platos. Los juegos de parejas son un método divertido para aprender a relacionar y mejorar su capacidad de memoria y concentración.

Formas, texturas y colores

A los niños pequeños les interesa mucho comparar cosas y encajarlas, de modo que seguirán gustándole los juegos de clasificar y los rompecabezas. Es muy posible que le divierta ensartar cuentas grandes y manipular corchetes y otras cosas que encajen.

Es importante que utilice distintos colores y texturas. Le encantará pintar en un caballete. Cerca de los dos años es posible que coja el pincel de un modo más parecido a como lo hace un adulto, pero sus pinceladas seguirán siendo aleatorias, y seguramente también usará los dedos. Prepárate para la suciedad. Si te preocupas demasiado por el estado de tu casa y su ropa puedes acabar inhibiendo su creatividad. Si hace bueno puede pintar fuera de casa, o puedes dejar que pinte justo antes de bañarle.

La plastilina y la arena

Sin duda también le gustará la plastilina, siempre que sea lo suficientemente blanda para sus manitas. La variedad de colores es tan divertida como la sensación de tenerla entre los dedos. Enseguida aprenderá a aplanar un trozo para formar un disco, a alargarlo, a hacerlo rodar formando un cilindro y luego a juntarlo todo para volver a empezar. Sea cual sea la figura que haga con la plastilina o la arcilla, tu pequeño aprenderá un importante principio científico: que siempre hay la misma cantidad de material.

Un principio parecido sirve en el caso de la arena, aunque esta es completamente distinta de la plastilina. En un cajón de arena, el pequeño puede pasar la arena de un recipiente a otro, o simplemente meter los dedos en ella. Si hay agua cerca, puede intentar hacer castillos o formas. Para jugar con la arena, como con la plastilina, necesitará las dos manos, y por tanto dicha actividad estimulará ambos lados del cerebro, algo que es bueno para su desarrollo (véase también página 117).

Juegos para el baño

Es muy posible que tu pequeño disfrute jugando mientras le bañas. Existen muchos juguetes para el agua, pero los pequeños suelen preferir los vasos, los patitos y otros juguetes que flotan. Puedes darle también formas que se adhieren a las baldosas o a las paredes de la bañera y se despegan fácilmente.

El juego imaginativo

Puedes ayudar a tu pequeño a desarrollar sus sentidos. Sin embargo, no hace falta que le estimules todo el tiempo. A partir de los dieciocho meses, su capacidad para imaginar aumenta de forma prodigiosa, y el juego simbólico ocupará buena parte de su atención durante varios años. Un niño en edad de crecimiento debe tener un mundo rico de fantasía. Los expertos sugieren incluso que los niños que no juegan a juegos fantásticos se estresan más de adultos, posiblemente porque no han aprendido a ser imaginativos.

Jugar a las casitas es muy divertido. A veces, tu colaboración será de gran ayuda, y otras todo lo que necesitará tu pequeño será un juego de té y su osito de peluche. Una cocinita, una casa de muñecas o una tienda de campaña ofrecen muchas posibilidades para desarrollar el juego simbólico. Si no tienes nada de eso, puedes sustituirlo por una caja de cartón grande; o coger una sábana vieja y cubrir la mesa para hacer una casita; o colgar la sábana en una cuerda para simular que es una tienda de campaña. Si es posible, intenta que el pequeño tenga a mano materiales naturales, como las ramas, para construir su refugio. De este modo disfrutará tocando distintas texturas y aprenderá que no todo tiene porque ser prefabricado.

La confección de cosas

El pequeño necesita tu ayuda para confeccionar cosas, especialmente si hay que cortar o pegar. Si confeccionas un garaje con una caja de zapatos, por ejemplo, deja que diga cómo quiere que sea, aunque luego seas tú la que recorta la puerta y las ventanas. Habla con él de los garajes de verdad que hayáis visto juntos. Eso ejercita la capacidad de observación y la memoria de tu pequeño.

Los juegos de construcción como el Duplo son muy útiles. Juega con tu pequeño, pero no asumas el mando. Es posible que debas empezar enseñándole cómo se hacen las casas, los camiones, los animales o los robots con esas piezas tan versátiles, pero enseguida captará la idea y dejará volar la imaginación.

No te preocupes si tu hijo construye pistolas con cualquier cosa. Quizás él no tenga, pero casi todos los niños han visto alguna; es normal que los niños pequeños conviertan las piezas de construcción o los palos que tengan a mano en una pistola. No tiene sentido impedírselo, aunque puedes aprovechar para explicarle que las pistolas de verdad son peligrosas y no debe jugar con ellas.

Los libros

A esta edad suelen gustarles los libros, tanto los que son suficientemente resistentes como para que los miren solos, como otros más delicados que podéis mirar juntos. Haz que se fije en los personajes cuando le expliques el cuento y no tardará en señalar las imágenes. Es posible que quiera pasar las hojas. Enséñale a hacerlo con cuidado y enseguida aprenderá a pasarlas de una en una sin romperlas.

La música

En contra de lo que piensan algunos padres, ponerles música desde muy al principio no hace que los niños se conviertan en genios, pero de todas formas resulta beneficiosa para su desarrollo.

La música puede ser, sin duda, una fuente de placer, sobre todo si tú la escuchas y te mueves con tu pequeño. La música mejora el sentido del ritmo del niño, que es importante para el aprendizaje del lenguaje y para su desarrollo físico, especialmente en relación con el equilibrio y la coordinación.

Escuchar atentamente estimula la atención y la concentración del pequeño, y puede mejorar su memoria.

El acto de permanecer quieto sentado exige un considerable control de la musculatura, incluso más que moverse. Eso significa que no debes esperar que tu pequeño permanezca sentado más tiempo del que es capaz, ya que de lo contrario se pondrá nervioso y se hartará, algo que haría fracasar nuestro propósito. No pongas música todo el tiempo. El exceso de música de fondo puede perjudicar la capacidad de concentración del niño, sobre todo si el volumen está muy alto. Debes darle oportunidad de poder escoger si le apetece escuchar música, pero dosificándola.

No hay duda de que, bajo las condiciones adecuadas, la música puede disminuir el estrés y mejorar el estado de ánimo, posiblemente porque aumenta la producción de sustancias químicas en el cerebro que proporcionan bienestar. Observarás que tu pequeño a veces sigue las canciones. Eso también puede ser bueno para él. Algunos estudios demuestran que cantar puede elevar los niveles de anticuerpos, favoreciendo incluso el sistema inmunológico.

A esta edad los niños son demasiado pequeños para aprender a tocar un instrumento musical correctamente, pero pueden divertirse con los juguetes que emiten sonidos.

el control de esfínteres

En realidad, el control de esfínteres no tiene nada que ver con el intelecto de tu hijo, aunque conseguir dominarlo es un signo de la madurez de su sistema nervioso. Y, por supuesto, es importante para los padres. Sin embargo, por muchas ganas que tengas de olvidarte de los pañales, no puedes acelerar el proceso.

Esperar el momento oportuno

Debes escoger el momento adecuado porque tu pequeño solo logrará controlar los esfínteres cuando sus nervios hayan desarrollado la mielina suficiente y sea capaz de sentir que su intestino o su vejiga están llenos. Dado que se desarrolla de arriba abajo (véase página 23), eso suele suceder más tarde de lo que los padres imaginan.

Los bebés empiezan a vaciar el intestino y la vejiga con altos y bajos, y no de forma constante, desde muy pronto. Gracias a un reflejo, la comida hace que el intestino se mueva. Si consigues controlar el tiempo, puedes lograr que tu hijo haga las deposiciones en el orinal desde muy pequeño. Pero eso no sirve de mucho. Él no está aprendiendo a controlar los esfínteres de ese modo, eres tú quien lo hace.

Por regla general, los niños aprenden a hacer caca en el orinal antes de controlar la vejiga. A los dieciocho meses, muchos niños notan pasar la orina y las heces. A la edad de dos años muchos permanecen limpios y secos durante el día, pero no controlan los esfínteres hasta los dos años y medio o incluso después. Esto puede depender de factores hereditarios. Las niñas suelen controlar los esfínteres antes que los niños, pero cada niño es un mundo. El control nocturno suele ser posterior, de modo que tu bebé quizá necesite pañal para dormir hasta que cumpla, más o menos, los tres años.

El inicio del control de esfínteres

Lo importante es no obligar al pequeño. A esta edad, es posible que se muestre reticente, de modo que cualquier intento de forzarle puede hacer que nos salga el tiro por la culata. Espera hasta que veas que es consciente de sus movimientos intestinales. Te darás cuenta porque hará cosas como ponerse en cuclillas, arrugar la nariz, mover las manos con insistencia o cualquier otro gesto para indicar a su manera que dicho movimiento se está produciendo.

Explícale para qué sirve un orinal y deja uno a mano. Si en tu casa hay escaleras, considera la posibilidad de tener un orinal en cada planta. Sirve cualquier tipo de orinal. Los más novedosos tienen sus ventajas, por ejemplo los que incorporan música. En el caso de los chicos, elige uno con la parte de delante alta, para evitar que salpique; cuando orine es muy probable que se le levante el pene.

Si la temperatura de casa lo permite, déjale el culito al aire para facilitarle las cosas cuando tenga una urgencia. El verano cercano o posterior a los dos años suele ser un buen momento para empezar con el control de esfínteres, especialmente si dispones de jardín. Ver el chorro de orina (o las heces) ayuda al pequeño a establecer el vínculo entre lo que siente su cuerpo y el resultado final.

Si tu hijo no quiere usar el orinal, vuelve a ponerle pañal
e inténtalo de nuevo al cabo de una o dos semanas.

El orinal

Muchos padres sientan a sus hijos un rato en el orinal
después de las comidas, cuando es más probable que
evacuen. Sin embargo, debes recordar que
presionarle puede resultar contraproducente.
Tu pequeño perderá el interés y se alejará. Si se
muestra reacio a sentarse en el orinal, vuelve
a ponerle el pañal e inténtalo de nuevo al cabo
de una o dos semanas.

Cuando tu pequeño consiga hacer algo en el
orinal, elógiale, pero sin exagerar. El hecho de usar
el orinal no le hace «bueno», y del mismo modo los
lapsus que sin duda tendrá mientras aprende
tampoco significan que sea «malo».

Las toallas viejas van muy bien para limpiar los
accidentes, y puedes sentarle sobre ellas cuando no
lleve pañal. Cuando salgas de paseo es aconsejable
que lleves pañales braguita.

El uso del váter

Los váteres intimidan más que los orinales y suelen
ser muy altos. Por ese motivo, es posible que tu
pequeño prefiera el orinal hasta los dos años y medio
o los tres años. Cuando te parezca que está
preparado para el váter, pónselo más fácil al principio
comprando un adaptador para la taza del váter y un
escalón.

A los dos años los niños suelen orinar sentados,
pero antes o después querrán hacerlo de pie, incluso
si no tienen a ningún hombre en casa a quien imitar.
Orinar de pie resulta mucho más fácil y menos sucio
en el váter, por lo que no hace falta que le animes a
hacerlo en el orinal. De hecho, los niños suelen estar
preparados para usar el váter, al menos para orinar,
antes que las niñas.

el dominio del movimiento

Tu pequeño puede tropezar si el terreno es irregular, pero en general sus piernas son mucho más seguras. Su coordinación ha mejorado tanto que puede hacer otras cosas mientras se desplaza.

El control de los movimientos más amplios

Hasta los dos años tu pequeño suele ser torpe, pero a partir de esa edad su coordinación mejora y puede ser cuidadoso cuando la situación lo requiere. Puedes ayudarle a tener más control de los movimientos que hace con los músculos grandes, animándole a subirse en los toboganes y demás elementos del parque infantil. Los triciclos o los coches de pedales también le ayudan, aunque todavía no tiene la coordinación necesaria para pedalear correctamente. Jugando con una pelota o con una cama elástica también mejorará sus movimientos.

Cuando salgáis, tu pequeño puede ir andando parte del tiempo en vez de dejarlo sentado inmóvil en la sillita de paseo, donde no puede ejercitar las piernas y los brazos, y aún menos satisfacer su curiosidad por las cosas que le rodean. Puedes llevarte la sillita por si se cansa y no quiere andar más.

La adquisición de coordinación

Muchas actividades, como construir objetos diversos, perfeccionan la coordinación del movimiento de la mano y la vista del pequeño (véanse páginas 98-100). También puedes mejorar su coordinación pidiéndole que te ayude en algunos quehaceres domésticos sencillos. Quiere ser mayor, de modo que disfrutará ayudándote a poner la mesa, pero no debes enfadar te si se produce algún accidente.

A esta edad, a muchos niños les tiemblan ligeramente las manos, por ejemplo mientras juegan. El estrés o la excitación pueden acenturar dicho temblor. Si los movimientos de tu pequeño son normales en otros

Juguetes más grandes, como los triciclos o los coches de pedales, pueden favorecer el control de la musculatura, aunque tu pequeño todavía no tiene la coordinación necesaria para pedalear correctamente.

sentidos, no es probable que haya ningún problema; alrededor de los dos años o poco después el temblor debe desaparecer.

Mover los dos lados

Lo más probable es que a esta edad tu pequeño muestre preferencia por una de las manos. Utilizar ambos lados del cuerpo, no obstante, puede favorecer el desarrollo, no solo del control de la musculatura, sino también de las capacidades generales del cerebro y de comprensión. Ambos lados del cerebro son importantes, de modo que es beneficioso estimularlos por igual (véase también página 117).

Pide a tu pequeño que te imite mientras señalas y nombras distintas partes de tu cuerpo, como los ojos, las orejas, la nariz, el pecho, el ombligo, etcétera. Colócate delante del pequeño y hazlo con la mano derecha para que te copie con la izquierda; ayúdale si es necesario. Repite el proceso con la mano izquierda para que esta vez te copie con la derecha. Puedes repetir la secuencia una tercera vez tocándote las partes del cuerpo con ambas manos a la vez.

Chapotear

El agua ofrece resistencia a sus extremidades. Resulta muy beneficioso bañarse en una piscina pública, en una piscina hinchable instalada en el jardín o ir a la playa.

En la playa tu pequeño disfrutará corriendo en la arena, que le proporciona una sensación distinta y ejercita unos músculos diferentes a los que se usan para correr en suelo firme.

Los manguitos resultan muy útiles tanto en la piscina como en la playa. Compra la talla adecuada, ya que si son demasiado grandes se le pueden caer; a algunos niños les encanta quitárselos y jugar con ellos. Los trajes de baño con flotadores resultan ideales para que el pequeño se sienta seguro en el agua. También proporcionan cierto aislamiento térmico, de modo que el niño encontrará el agua menos fría. A algunos trajes se les pueden quitar los flotadores, lo cual significa que puedes adaptar el grado de flotación añadiendo o quitando flotadores.

No te fíes de los flotadores típicos ni de las novedades hinchables como las que tienen forma de animales, ya que tu pequeño puede escurrirse fácilmente y hundirse. Si tu hijo tiene el pelo largo, hazle una coleta para evitar que se le enrede en algo y le arrastre debajo del agua. Aunque tomes todas estas precauciones, debes vigilar constantemente a tu pequeño, y quedarte junto a él si no hace pie. A esta edad un niño corre el riesgo de hundirse, porque no es consciente de los peligros del agua. Dicho esto, pueden divertirse mucho en el agua, y el desarrollo del movimiento y la coordinación del pequeño se beneficiarán enormemente.

el descubrimiento de la propia identidad

Obsérvale atentamente y descubrirás que tu pequeño desarrolla sus propias preferencias y su propio estilo. Ciertas cosas le gustan, algunas incluso le fascinan y sin embargo pueden no tener el más mínimo interés para otros niños. Es el resultado de la combinación única de sus genes y su entorno.

Las primeras preferencias

Las primeras preferencias que demuestran los pequeños suelen resultar muy interesantes, y pueden reflejar o no las tuyas. A veces es posible prever muy pronto cuáles serán las cosas que le interesen al pequeño en el futuro. De todos modos es mejor no dar excesiva importancia a lo que le guste ahora. Los niños cambian y deben poder desarrollarse a su manera sin que les encasillemos desde el principio.

¿Diestro o zurdo?

Alrededor de los dos años es probable que utilice más frecuente e instintivamente una mano que la otra, aunque hay niños que no muestran claramente su preferencia hasta que tienen al menos cuatro años. Aun así, las ecografías sugieren que dicha preferencia probablemente ya está clara antes del nacimiento.

La parte derecha del cerebro controla la mitad izquierda del cuerpo y viceversa. La preferencia de una mano tiene que ver de algún modo con qué parte del cerebro es la dominante, pero no existe un vínculo claro entre la derecha y la izquierda.

Si ambos progenitores son zurdos es más probable que también lo sea su hijo, aunque en general los hijos diestros son más corrientes; y la mayoría de zurdos son hijos de padres diestros. Por razones que desconocemos, los gemelos tienen más probabilidades de ser zurdos, y los niños más que las niñas.

Déjale ser él mismo

Por regla general es fácil adivinar el lado preferido de tu hijo; basta observarle cuando pinta, cuando coge la cuchara, cuando chuta un balón o encaja distintas formas por el hueco correspondiente. O puedes fijarte en qué oído acerca a una caja de música para escuchar, o con qué ojo mira a través de un telescopio. Sin embago, la lateralidad, como se llama esta inclinación, no suele ser absoluta. Puede haber algunas actividades que los zurdos prefieran hacer con la mano derecha y viceversa.

Es importante dejar que tu pequeño siga sus instintos, en vez de convencerle para que utilice una de las dos manos. El conjunto de sus habilidades y sus destrezas mucho más importante que sus preferencias en el momento de utilizar una mano o un pie.

REGLAS Y LÍMITES

A medida que tu pequeño va siendo consciente de su propia identidad, es importante que aprenda algunas reglas y algunos límites, y que le enseñes a distinguir lo que está bien de lo que está mal. No es algo que el pequeño aprenda espontáneamente, de modo que deberás explicárselo. Puedes hablarle de cómo se sentirá una persona a la que, por ejemplo, le quita el sitio en el tren; o un niño al que le quita la pelota para jugar.

A esta edad, tu hijo es tremendamente sincero, e incapaz de mentir u ocultar sus sentimientos. También es confiado por naturaleza, de modo que no teme a los desconocidos. Enséñale que no debe hablar con adultos que no conoce a menos que tú estés con él. Así aprenderá sobre el «peligro de los desconocidos» sin tener que desconfiar de todo el mundo.

el aprendizaje del lenguaje

Ahora el principal medio de comunicación de tu pequeño es el habla, lo que demuestra lo mucho que ha progresado desde su primera infancia. De todos modos, cada niño es un mundo. A los 18 meses tu pequeño puede tener un vocabulario de hasta 150 palabras, o de tan solo seis.

Comprender a los demás

Tu pequeño es capaz de entender la mayor parte de las cosas que dices, y conoce las palabras que designan determinadas partes del cuerpo y muchos objetos corrientes de casa. Y aunque desconozca cómo se llama algo, sabe para qué se utiliza.

Puedes ampliar sus conocimientos enseñándole palabras nuevas. Potencia su capacidad de comprensión pidiéndole cosas con frases en las que haya dos palabras informativas, por ejemplo: «Deja el vaso en la mesa, por favor».

Tu pequeño ya tiene cierta noción del tiempo y entiende el significado de *después*, *ahora* y *ahora no*. Puede entender preposiciones como *sobre*. Con la ayuda de acciones puedes ayudar al pequeño a que comprenda las más difíciles, como *encima*, *detrás* y *por*.

La confección de palabras y frases

Lo más probable es que tu pequeño sea capaz de decir aproximadamente unas cuarenta palabras y de hacer frases sencillas de dos o tres palabras. Anímale a que te pida lo que quiere en vez de limitarse a señalarlo.

La pronunciación de tu pequeño no es perfecta, por supuesto, pero sabe hacerse entender. A los dos años puede seguir pronunciando mal algunas consonantes, como la «r» y la «j», aunque las distingue bien cuando tú las dices.

El desarrollo del lenguaje

Los niños que reciben pocos estímulos suelen hablar más tarde y es posible que les cueste entender lo que se les dice. Dedica tiempo a conversar con él, procurando que te mire cuando le hables. Cambia el tono de voz y gesticula, para mantener la atención del pequeño y para reforzar lo que estás diciendo.

Con el tiempo, tu pequeño responderá más rápidamente y de forma más coherente cuando le hables. A veces será él quien inicie la conversación. Respóndele con algo más que una sonrisa o un «Oh». Cuando hable, o incluso cuando señale un objeto, necesita que lo estimules. Amplía su vocabulario completando lo que dice. Si señala el plato del suelo y dice «perrito» puedes responder hablándole de si el perro tiene hambre o sed, y mencionando lo que le gusta comer.

No corrijas su pronunciación abiertamente. Resulta más constructivo incluir la palabra bien pronunciada en la respuesta que le das. Si dice «cato» puedes contestar: «Sí, el gato es blanco y gris, ¿verdad?». A esta edad es mejor utilizar muy poco el lenguaje infantil, y no imites las cosas que pronuncie mal, por muy graciosas que suenen.

La lectura y los juegos

Leed y mirad cuentos juntos. No importa si siempre quiere ver el mismo. Mientras tenga donde elegir no hay problema; cuando esté listo te pedirá otro.

Juega a cosas sencillas con él. El escondite puede ayudar a tu pequeño a ampliar la comprensión de los conceptos. Las canciones son también muy útiles, ya que enfatizan el ritmo y los sonidos del habla. A muchos niños les gusta escuchar un CD o una cinta de audio. Es mejor que cantes tú en lugar de confiar en material comprado, porque puedes hacer gestos para mantener su atención y para expresar significados, pero lo bueno es disponer de materiales variados para escuchar.

Los problemas relacionados con el lenguaje

Algunos niños tardan más en hablar; es algo muy corriente y no siempre implica la existencia de algún problema. Tu pequeño tiene más probabilidades de tener un problema de verdad relacionado con el lenguaje si:

- tarda más de un año en dominar sonidos que otros niños ya hacen
- utiliza fundamentalmente sonidos vocálicos
- a los dieciocho meses muestra poco interés por comunicarse
- a los dieciocho meses no entiende peticiones sencillas
- a los dieciocho meses no señala los objetos conocidos si le preguntas dónde están
- a los dos años repite básicamente lo que oye que tú dices
- cuesta entenderle a los dos años y medio
- omite o intercambia consonantes después de haber cumplido los tres años
- suena monótono, nasal o demasiado fuerte

Si crees que tu pequeño tiene algún problema relacionado con el lenguaje, acude enseguida a tu pediatra. Los niños aprenden el lenguaje por imitación, por lo que la causa más probable es algún problema que le impida oír correctamente. Por eso el primer paso suele ser una revisión del oído. También cabe la posibilidad de que tu pequeño necesite la ayuda de un logopeda.

la inteligencia emocional

A los 18 meses tu pequeño es encantador, abierto, ingenuo y se interesa por las cosas. Se ha dado cuenta de que los demás no siempre piensan como él, un paso vital en el desarrollo de la inteligencia emocional.

La lógica y el pensamiento

Durante estos seis meses, tu pequeño adquiere nociones básicas de lógica. Pero algunas de las relaciones que él piensa que son de causa-efecto, en realidad tan solo guardan relación por el hecho de que han sucedido a la vez. Cuando le ocurra esto, puedes explicárselo y potenciar su capacidad de pensamiento para ampliar la de comprensión.

Los niños suelen imitar las cosas que hacen los adultos. Tu pequeño no siempre necesita saber la razón por la que haces lo que haces, pero es mucho mejor para su desarrollo intelectual que, en vez de no decir nada, le expliques sin prisas por qué se debe colgar una toalla mojada en un toallero, por ejemplo. Quizá no entienda del todo lo que le dices, pero vale la pena intentarlo.

Conciencia de sí mismo, egocentrismo y confianza

A partir de los dieciocho meses, los pequeños son más conscientes de sí mismos como individuos. Se reconocen en el espejo y en las fotografías. Alrededor de los dos años identifican su sexo, aunque posiblemente todavía no su edad. No tardarán en anunciar a los cuatro vientos con orgullo que son niños y niñas.

Tu pequeño sigue siendo egocéntrico, algo perfectamente normal. Es consciente de que los demás tienen sus propias necesidades, pero las suyas siguen siendo prioritarias. Cuando se siente inseguro es posible que use su osito de peluche, una manta u otro objeto consolador. No tiene nada de malo, y dejará de usarlo cuando supere la necesidad. Mientras tanto, le perjudicarías más obligándole a dejarlo.

La negatividad

Tu pequeño no siempre se muestra dispuesto a cooperar. Eso se hace más obvio alrededor de los dos años, y es una faceta normal de su desarrollo como individuo. A veces simplemente quiere hacer las cosas solo. Quizá no es capaz de subirse los pantalones, pero a pesar de sus lágrimas de frustración se ofenderá si tratas de ayudarle. Durante esa fase es necesario mostrarse muy considerado.

LAS RABIETAS

Una rabieta es un arrebato de genio descontrolado. Durante varios minutos tu pequeño gritará, golpeará, pataleará, contendrá la respiración y, por si eso fuera poco, incluso se tirará al suelo. Las rabietas alcanzan su punto álgido entre los 18 y los 36 meses. No todos los niños de esta edad tienen rabietas frecuentes, pero la mayoría de niños de dos años tienen como mínimo una a la semana. Se debe a que se frustran fácilmente y no acaban de comprender por qué no pueden tener algo cuando lo quieren.

Durante una rabieta lo único que puedes hacer es evitar que tu pequeño se haga daño. Razonar o, lo que es peor, pegarle, no sirve de nada. Tu pequeño está literalmente fuera de sí a causa de la ira, de modo que mantén la calma y espera a que se le pase. Si es posible, no le hagas caso durante la rabieta. Si no tiene público quizá abandone. Sobre todo, no cedas a sus caprichos.

la resolución de problemas
24-36 meses

¿cómo es?

Los niños de esta edad pueden ser muy distintos unos de otros, porque sus personalidades y su ritmo de desarrollo difieren. Cada niño tiene unas experiencias vitales. El niño que nunca ha visto la nieve, por ejemplo, no puede saber que está fría, y todavía menos lo divertido que es deslizarse por ella.

La planificación de las actividades

A los dos años tu pequeño habrá adquirido una comprensión muy útil del mundo. Ahora que tiene buena memoria y entiende el concepto del tiempo, es capaz de recurrir a experiencias previas para planificar sus actividades futuras. Puede planificar, realizar y evaluar, lo que le permite realizar juegos cada vez más complejos.

Alrededor de los dos años y medio es posible que sea capaz de resumir en voz alta sus actividades, aunque frecuentemente juegue solo. Como se sabe, el lenguaje y el pensamiento están estrechamente relacionados. Verbalizar le ayuda a concretar sus pensamientos y sus acciones.

Planear de antemano implica asimismo tener sueños a largo plazo, razón por la que alrededor de los tres años muchos niños empiezan a decir que de mayores quieren ser bomberos, policías, etcétera. Algunas veces sus ambiciones son menos realistas. No tienes por qué preocuparte si tu pequeño anuncia que cuando sea mayor piensa casarse con mamá, ya que este tipo de pensamientos reflejan una deficiencia de comprensión muy corriente en la lógica de los niños.

Organizar y solucionar

Dejando aparte estos errores, un niño de esta edad es bastante buen pensador. Le gusta que su mundo esté organizado. Cuando no es previsible, intenta encontrar una pauta que dé sentido a los acontecimientos. A menudo planea cuidadosamente las cosas utilizando la lógica, que

complementa con una imaginación muy activa que le permite ver distintas posibilidades.

Gracias a una especie de síntesis de curiosidad y experiencia, un niño de esta edad disfruta solucionando algunos problemas. Valorará los nuevos desafíos que le ayuden a desarrollar sus habilidades para resolver problemas sin exigirle demasiado.

Hacia la vida independiente

Te complacerá saber que alrededor de los dos años tu pequeño es capaz de hacer muchas más cosas de las que podía hacer unos meses antes. Si todavía no va solo al lavabo pronto lo hará porque, afortunadamente, la madurez de los nervios que controlan los intestinos y la vejiga coincide con el deseo de una mayor independencia por parte del niño.

El orgullo que siente el pequeño por sus logros del día a día será mayor si tú haces el esfuerzo de ofrecerle una actitud positiva. Eso incluye esperar hasta que consiga abrocharse los botones y las cremalleras en vez de meterle prisa o hacerlo tú por él.

Hacia la sociabilidad

Hacia los tres años el niño se vuelve más sociable. Hablará fluidamente contigo y probablemente con otras muchas personas. Su conversación puede consistir en una pregunta detrás de otra ya que su frase favorita es «¿Por qué?». Además de explicarle las cosas, puedes reforzar la noción de lo que está bien y lo que está mal, conceptos importantes que le servirán de guía para saber comportarse.

En esta etapa tu pequeño se vuelve más cariñoso y quiere saber de verdad cómo se sienten los demás y lo que piensan. Es muy posible que juegue mejor con otros niños y que empiece a hacer amigos fuera del entorno familiar. Antes de que te des cuenta estará preparado para pasar más tiempo fuera de casa y no tendrás que estar constantemente presente.

LOGROS A LOS 3 AÑOS

A los 3 años tu pequeño

- tiene buen equilibrio
- puede correr
- puede sostenerse con un solo pie
- puede saltar
- trepa bien
- sube las escaleras poniendo un pie en cada escalón
- puede lanzar una pelota
- puede pedalear en un triciclo
- puede vestirse solo, incluso calzarse y abrocharse algunos botones
- pinta espontáneamente
- puede dibujar varias formas básicas
- puede copiar un círculo
- va al lavabo solo, pero necesita ayuda para limpiarse
- puede controlar los esfínteres por la noche
- puede preferir el váter al orinal
- sabe concentrarse bien y jugar de forma continuada
- es muy creativo e imaginativo
- reconoce muchos colores
- tiene capacidad de pensamiento lógico
- puede reconocer algunas letras
- puede contar hasta cinco
- entiende casi todo lo que dices

alimenta sus sentidos

Un niño de dos años hace un buen uso de sus sentidos. Tu pequeño, observador entusiasta, no se pierde casi nada. Quiere descubrir cosas por sí mismo y quizá no le basta con tu palabra para satisfacer su curiosidad. Es importante para su aprendizaje, aunque a veces resulte duro para los padres.

Cambio de percepción

Los cinco sentidos de tu pequeño son agudos y siguen desarrollándose. A partir más o menos de los dos años será capaz de ver todo lo que ve un adulto, aunque por supuesto esas cosas no necesariamente tendrán el mismo significado para él que para ti. No puede, por ejemplo, percibir el peligro del mismo modo que tú.

Los sentidos y la discriminación

Puedes contribuir al desarrollo de la discriminación de tu pequeño si en vez de limitarte a señalar objetos para que los vea, los escuche o los huela, le explicas para qué sirven o su razón de ser. Los conos de tráfico que hay en la carretera, por ejemplo, están ahí para proteger a los trabajadores de los coches, mientras que el fuerte olor que desprende el puerto proviene de los numerosos barcos de pesca. De este modo tu pequeño aprende a establecer nuevas conexiones.

Organizar y aprender

A tu pequeño le encanta organizar, de modo que le gustará clasificar objetos por colores, y de paso aprenderá sus nombres. Una tarea como la de clasificar prendas de vestir en la pila de la ropa sucia puede resultarle divertida.

También es capaz de relacionar objetos de acuerdo con su función o su tamaño. Puedes ayudar a tu pequeño a relacionar objetos, por ejemplo, recortando fotografías de catálogos y haciendo grupos de cosas que van juntas.

Cuando sea posible, deja que tu pequeño participe, o al menos que observe, tus quehaceres domésticos. Probablemente se quedará fascinado cuando te vea usar la calculadora, arreglar las plantas o pintar una pared. Explícale lo que estás haciendo. Todas estas experiencias le proporcionan herramientas para poder solucionar problemas en un futuro.

El juego por sí mismo

No todas las experiencias tienen que ser claramente educativas, de modo que no te preocupes si tu pequeño se limita a jugar en vez de mirar cuentos y hacer preguntas a todas horas. Completar un rompecabezas que le gusta una y otra vez es también un ejercicio valioso, porque mejora la coordinación del movimiento de las manos y la vista. De hecho, este tipo de juego tranquilo y poco exigente resulta muy relajante y puede ayudar al niño a dormir más profundamente por la noche.

En realidad, prácticamente cualquier juego enseña a tu pequeño algo acerca de la concentración y la tenacidad. El juego prolongado constituye la base de una habilidad vital que resulta esencial para aprender de forma eficaz. Cuando puedas, deja que tu pequeño juegue. Por supuesto, no tienes que cambiar tus planes simplemente porque él haya sacado todos los botes de plastilina; pero cuando sea posible deja que disfrute con sus actividades sin meterle prisa y sin distraerle.

Los sonidos y la música

Ayuda a tu pequeño a tomar conciencia de las cosas y a distinguir entre distintos sonidos, procedan de un reloj, una campana o una bocina. Anímale a escuchar música, y a moverse siguiendo el compás. Eso tendrá un efecto beneficioso para su capacidad de concentración y su coordinación (véase también p. 101).

Juegos como «pasa el paquete» son divertidos, pero cuando estéis los dos solos también puedes dejarte llevar y realizar alguna actividad musical. Pon algo de música, prepara algún aperitivo en un cuenco, organiza una «fiesta» improvisada y baila con él alrededor de la mesa de la cocina.

El lado izquierdo y el lado derecho del cerebro

Los bebés y los niños pequeños tienen el cerebro simétrico, pero entre los adultos uno de los lados puede dominar el otro. Muchos de los individuos cuyo lado izquierdo está más desarrollado son el producto exitoso de unos métodos de enseñanza formales. Tales personas suelen ser diligentes, y sobresalen en lógica, matemáticas y el uso de las palabras.

Las personas cuyo lado derecho es el dominante suelen ser más intuitivas y creativas por naturaleza. Quizá no destaquen académicamente, pero se hacen valer cuando hace falta imaginación en vez de precisión. Es probable que sean músicos o artistas con talento en lugar de ingenieros.

Por supuesto, los dos lados del cerebro son importantes. Clasificar los juguetes por colores, por ejemplo, es una actividad propia del lado izquierdo, mientras que moverse al son de la música tiene más que ver con el derecho. Una forma sencilla de estimular ambos lados del cerebro es haciendo algo en lo que utilicemos ambos lados del cuerpo a la vez, como ocurre cuando trepamos por una estructura, corremos o jugamos con la plastilina.

Es importante que críes a tu pequeño de forma equilibrada, para que sus pensamientos, y las opciones que tenga, sean lo más amplios posibles.

fomentar la creatividad

Tanto los niños como las niñas son muy imaginativos, aunque pueden utilizar dicho talento de forma ligeramente distinta. Haga lo que haga tu pequeño, el mundo de la fantasía en sus distintas formas puede ocupar buena parte de su tiempo, especialmente a partir, más o menos, de los dos años y medio.

La importancia de crear

Crear todo tipo de cosas constituye una parte importante del juego y el aprendizaje de cualquier niño pequeño. El niño que es creativo e imaginativo de adulto es bueno imitando.

Hacer y construir

Gracias a su mejor coordinación entre la vista y las manos y a su mayor capacidad de concentración, tu pequeño puede ahora construir cosas más complejas. A los dos años y medio puede hacer una torre de ocho o más pisos. A los tres años la torre puede ser mucho más alta (y puede caer). Es capaz también de construir estructuras más interesantes; puede usar las piezas de construcción para hacer un puente o para apuntalar un edificio. Antes de que te des cuenta estará construyendo carreteras y ciudades enteras, y será feliz durante horas absorto en sus fantasías.

Las artes visuales

Dale a tu pequeño papel, ceras y pinturas. También disfrutará modelando la plastilina o el barro, y pintando o pegando artísticamente en una cartulina distintos tipos de pasta alimenticia. Prepáralo de antemano para que ensucie lo menos posible, pero no te pases horas colocándolo todo o acabarás decepcionándote cuando lo deje y se ponga a hacer otra cosa antes de lo que esperabas. Tu pequeño ha hecho grandes progresos a los dos años, sin embargo, todavía no es capaz de concentrarse durante tanto rato como un niño más mayor.

Debes dejar que tu pequeño juegue a su aire, pero organizar un poco el día ayuda a evitar el aburrimiento. Trata de salir un rato todos los días para que tu niño pueda experimentar cosas nuevas que estimulen su creatividad. Las sesiones de juegos tranquilos contigo, por ejemplo con unas marionetas de dedo, aportan variedad.

Juegos de imitación

Los juegos de imitación son importantes porque ofrecen al niño la oportunidad de experimentar y crear en distintas situaciones. Mete en un baúl prendas de vestir y retales viejos. Además de lo que tengas por casa puedes conseguir más artículos en algún mercadillo. También puedes comprar un par de accesorios, por ejemplo un telescopio o un parche de pirata, o un casco de bombero, para que

el juego resulte más realista. A veces tu pequeño querrá
que participes y otras preferirá que te mantengas en un
segundo plano.

La autoexpresión y la satisfacción

La autoexpresión hace que el niño se sienta bien consigo
mismo. Lo que hace no tiene por qué gustarte a ti o a otro.
Debe satisfacer solo al creador. Aun así, tu reconocimiento
hace mucho y puede incitarle a probar cosas nuevas. A veces
cuesta elogiar lo que ha hecho, especialmente cuando no
sabes lo que es; en esos casos, comentarios como «Qué

color tan bonito» resultan muy útiles. Hablar con tu pequeño
sobre lo que hace, o sobre cómo lo hace, amplia su
vocabulario. Cuando juegue con la plastilina, por ejemplo,
en la conversación pueden aparecer palabras como *elástico,
redondo, enrollado, grueso* y *grumoso*.

La cocina también resulta muy creativa, y es apropiada
tanto para los niños como para las niñas. A tu pequeño le
encantará remover la masa, usar moldes para hacer galletas
o glasear las tartas contigo. En este caso, una parte de la
satisfacción consiste en comerse el producto final (así como
en probar los ingredientes durante el proceso).

ser bueno en matemáticas

Para un niño pequeño, es más fácil aprender los números y lo que significan si pueden sentirlos y verlos.

Qué significa aprender matemáticas

Cada niño es un mundo, pero alrededor de los dos años y medio tu pequeño puede ser capaz de decir los números de forma ordenada. Puede recordar una secuencia de dígitos y repetirla después de oírtela decir a ti, y a los tres años es posible que sea capaz de contar hasta cinco. Pero saber el nombre de los números no es lo mismo que entender lo que representan, y mucho menos lo que se puede hacer con ellos.

Las matemáticas son un asunto complejo con muchas facetas distintas. Para que tu pequeño aprenda matemáticas, primero debe comprender los conceptos y los grupos de cosas. Entre los dos años y los dos años y medio entiende perfectamente los grupos de cosas como los edificios, los vehículos y los animales de granja. Puede asimismo ver la relación entre objetos afines como los calcetines y los zapatos, o las mesas y las sillas.

Además de contar y clasificar, tu pequeño debe descubrir las pautas de los fallos, establecer conexiones, reconocer la relación entre cosas distintas y trabajar con distintos tipos de medidas además de con números. Pero el hecho de que incluso las matemáticas más sencillas sean complejas tiene una enorme ventaja: hay muchas actividades que ayudan al pequeño a aprender matemáticas.

El aprendizaje de los números

Los números pueden utilizarse como nombres o etiquetas, por ejemplo en la casa donde vives. También pueden funcionar para medir algo, por ejemplo el número de vasos que están llenos de arena. Ayuda a tu pequeño a reconocer los números que se usan como etiquetas en la vida diaria. Asimismo, puedes ayudarle a contar objetos corrientes si lo desea. De este modo acabará descubriendo que cuatro conchas marinas, pongamos por caso, siguen siendo cuatro aunque las cuentes en otro orden.

Las medidas

Existen muchas actividades útiles para ayudar al pequeño a adquirir nociones básicas de matemáticas, como clasificar distintas formas, jugar con la arena, modelar plastilina o llenar unos vasos de agua.

Al principio, todo lo que debe entender el pequeño es «más», «menos» e «igual», o «más largo/más corto» y «más pesado/más ligero». Una cinta métrica de juguete puede resultar también muy divertida, y ayuda a comparar longitudes cuando no puedes poner dos objetos uno junto al otro (por ejemplo, dos bancos del parque). De todos modos, hasta más o menos los tres años no entenderá realmente cómo funcionan las reglas y las cintas métricas.

A muchos padres les encanta enseñar a decir la hora a sus hijos, pero no hay prisa. A esta edad los conceptos «horas» y «minutos» resultan demasiado complejos.

Actividades y juegos útiles

No sirve de nada fijarse un horario para enseñar matemáticas al pequeño. En esta etapa debe realizar el aprendizaje con actividades divertidas en lugar de con enseñanzas formales. Las piezas de construcción siguen atrayéndole y resultan vitales para aprender matemáticas, como lo son los trenes de juguete y las cuentas para hacer collares. Pueden contarse y sirven para hacer estructuras largas o altas, grandes o pequeñas, etcétera. El hecho de que un objeto pueda desmontarse en partes más pequeñas es una primera lección acerca de la división.

Es útil jugar con dinero de juguete siempre que no resulte excesivamente complicado. Las monedas de distintos valores suelen confundir a los niños, pero puedes jugar a las tiendas con las fichas de la oca, unos botones u otra cosa.

Los juegos en los que se utiliza un dado son útiles para aprender a contar y a respetar el turno. A muchos niños les encanta jugar al dominó, y les ayuda a reconocer los números.

dibujar y escribir

Para ti es evidente la relación entre la lectura y la escritura, sin embargo, tu pequeño asociará la escritura con el dibujo.

La coordinación y los dibujos

Alrededor de los dos años tu pequeño puede empezar a dibujar de forma espontánea. Ahora sus muñecas son flexibles y le permiten tener un mejor control del lápiz, aunque sigue sujetándolo con el puño en vez de con los dedos. El resultado de sus esfuerzos difícilmente podría clasificarse como arte figurativo, y tendrá que explicarte qué es lo que ha dibujado. Sin embargo, es bueno potenciar su creatividad con los colores o el lápiz, así como con otros juegos creativos e imaginativos (véase también p. 121). No importa si no dibuja bien ni con cuidado. Dale todo el papel que necesite y una mesa que no se estropee fácilmente.

A veces las paredes resultan irresistibles, y muchos niños pequeños pintan en ellas para experimentar. Para un niño, que tiene la pared de su habitación empapelada o que está acostumbrado a ver sus dibujos colgados en la pared, es algo que tiene sentido. Pero debes enseñar al pequeño que no hay que pintar en las paredes.

Entre los dos años y medio y los tres años, tu hijo empezará a sujetar el lápiz como un adulto, haciendo la pinza. Cualquier temblor que haya podido tener anteriormente en las manos tiene que haber desaparecido ya. El resultado es que puede hacer muchas más cosas. Quizá no esté mucho rato dibujando, pero cuando dibuje lo hará con gran entusiasmo.

Los márgenes y las formas

Más o menos a esta edad tu pequeño aprende que una línea representa un margen o límite, de modo que puede hacer espacios cerrados. Es un enorme salto hacia delante, ya que gracias a ello puede realizar formas básicas. Antes tan solo era capaz de imitarte cuando hacías una línea recta, pero a los tres años puede imitarte cuando haces un círculo, e incluso puede copiar un círculo que has hecho antes. Anímale aunque las formas le salgan mal. Si se lo pides es posible que te dibuje una casa o una persona. Probablemente las personas serán simples cabezas colocadas sobre unas piernas, con una cara muy básica, pero a él le gustarán.

Primeros intentos de escribir

En algún momento tu pequeño empezará a dibujar bucles, garabatos y espirales. Es posible que él diga que está escribiendo. A medida que mejore su coordinación y vea más ejemplos de escritura, sus garabatos se volverán más pulcros y ordenados. Puedes potenciar la coordinación de la mano y el ojo mediante juegos de clasificación o rompecabezas, ayudándole a construir cosas e incluso cogiendo y coleccionando junto a él pequeños objetos, como conchas en la playa o bellotas en el parque.

A su debido tiempo debe aprender que escribir es algo más que dibujar. En la escritura, las formas (las letras) son limitadas, y aparecen las mismas una y otra vez. Escribir implica hacer trazos hacia arriba, hacia abajo o laterales. Pero a pesar de ello escribimos en una sola dirección. Las letras pueden juntarse o no. Para ilustrar todos estos principios, puedes mostrarle ejemplos de tu propia escritura. Aprender los números puede formar parte de este proceso, pero no es lo mismo distinguirlos que comprender lo que significan (véase p. 121).

Las primeras letras de verdad

Son muy poco los niños que empiezan a escribir antes de los tres años, de modo que no esperes que tu pequeño lo haga. Lo normal es que llene la página con un dibujo repetitivo. Si tu pequeño desea saber más acerca de la escritura puedes enseñarle a hacer letras corrientes como la «a», la «b» y la «c». Deben ser minúsculas, ya que son las que aprenderá en la guardería y el colegio. Si quiere copiarte, dale un lápiz muy blando, pero deja que vaya a su ritmo.

Aun así, procura averiguar qué métodos utilizan en su futura guardería o colegio, para evitar que tenga que desaprender lo que tú le has enseñado.

lenguaje y pensamiento

Con el control de las palabras, tu hijo amplía sus horizontes; puede planear y hablar de sus actividades, una parte importante del aprendizaje.

Comentarios en directo

Alrededor de los dos años y medio muchos niños comentan en voz alta lo que están haciendo. Resulta muy gracioso, pero además tiene la importante función de ayudar a tu pequeño a llevar a cabo una secuencia compleja de acciones.

Comprender a los demás y expresarse sin ayuda

El nivel de comprensión de tu pequeño es mucho más maduro que su habla, y antes de los tres años es capaz de entender prácticamente todo lo que dices. Pero tiene además un extenso vocabulario que aumenta día a día, y utiliza las palabras con fluidez y formando frases.

Ahora tu pequeño usa importantes nexos de unión como «y», gracias a lo cual puede formar frases más largas y complejas. Entiende palabras como *hoy*, *mañana* e incluso *ayer*. Alrededor de los tres años construye frases de cinco palabras de forma automática.

No es de extrañar que ahora prefiera hablar a otros métodos, como llorar o patalear, para hacerse entender. Se comunica con la mayoría de la gente, aunque su pronunciación sigue siendo imperfecta. Tiene problemas, por ejemplo, con las consonantes al final de las palabras, o cuando hay más de una consonante junta, y también es posible que cecee.

Más descubrimientos

Lo más probable es que tu pequeño sea muy hablador y sienta curiosidad por todo. «Por qué» sigue siendo una de sus frases favoritas. Muchas de sus preguntas tienen sentido, como «¿Por qué este árbol es amarillo?». (Sin embargo, algunas preguntas son más complicadas, como «¿Por qué es una puerta?».) Cuando te pregunte algo intenta no darle

largas. Si le dices que se lo explicarás más tarde, cumple tu promesa. Lo más seguro es que conozcas la respuesta de la mayoría de sus preguntas, pero cuando no la sepas no tienes por qué ocultárselo. Más tarde puedes tratar de averiguarlo.

No importa que no pueda utilizar Internet o leer los libros científicos que tienes en la estantería. El hecho de que tú sí puedas hacerlo le enseña que uno es capaz de encontrar la respuesta si sabe dónde buscar.

Enriquecimiento del lenguaje y el pensamiento

Lo mejor que puedes hacer es hablar con tu pequeño, y eso implica dedicarle tiempo. Sigue hablándole de tu vida diaria. Amplía su lenguaje y su memoria hablándole de lo que hiciste ayer o hace dos días, por ejemplo. No siempre se acordará, pero eso potenciará su desarrollo.

Háblale también de temas más abstractos, como los sentimientos y los estados de ánimo. Es importante para todos los niños de esta edad. Recuerda que tú también puedes hacerle preguntas, y que estas estimularán el pensamiento de tu pequeño y su capacidad para solucionar problemas. Hazle algunas del tipo «¿y si?» y anímale, por

Lo mejor que puedes hacer es hablar con tu hijo.
Comenta con él cosas cotidianas. Amplía su lenguaje y su
memoria recordándole lo que hizo hace dos días.

ejemplo, a imaginar cómo sería la vida si todo el mundo tuviera un helicóptero en vez de coche.

Vigila lo que dices delante del pequeño. A esta edad los niños suelen repetir todo lo que oyen, especialmente las palabras o frases que desconocen. Es su forma de ampliar el vocabulario. Eso puede incluir tanto las palabrotas como otro tipo de cosas que tú preferirías que no repitiera en público.

Mejorar la pronunciación y la gramática

Como en etapas anteriores, no corrijas abiertamente las palabras de tu pequeño. Es mejor incorporar la versión correcta en la respuesta, como si fuera una parte más de la conversación. Si dice «Los niños dormidos», tu respuesta debe ser «Sí, los niños están durmiendo».

Algunas de las palabras que tu pequeño pronuncie mal pueden ser muy graciosas, pero es importante que no las repitas, ya que eso podría perpetuar el error. Dicho esto, en muchas familias es corriente que todos los miembros adopten la versión del pequeño de una palabra corriente (como *lete* por *leche*) durante mucho tiempo. Mientras solo lo hagas con una o dos palabras no tiene por qué ser perjudicial.

preparado para leer

Del mismo modo que las matemáticas implican mucho más que saber los números, la lectura no solo es saber el abecedario. Aprender a leer surge de forma natural de la interacción con los demás y del descubrimiento de que las imágenes y las palabras pueden comunicar un significado.

Enseñar a leer

El proceso de aprender a leer, en el sentido más amplio de la palabra, se inicia en la primera infancia. Como el hecho de aprender a andar, es un proceso lento y continuo y no un salto repentino.

Convertirse en alguien culto debe ser un ejercicio agradable e interactivo, y debe desarrollarse al ritmo indicado para cada niño. Algunos padres ambiciosos intentan que sus pequeños aprendan a leer muy pronto, pero los niños pequeños no suelen mejorar con enseñanzas formales. Si presionas a tu pequeño puedes desanimarle y acabará asociando los libros con algo negativo. Además, si en sus

primeros intentos no lo logra, puede acabar relacionando los libros con una sensación de fracaso.

Reconocer y recordar

Una de las cosas más constructivas que puedes hacer por tu hijo es seguir leyendo en voz alta. Eso refuerza la idea de que los sonidos y las palabras impresas pueden emparejarse. Si utilizas gestos y entonaciones exageradas para relatar partes de la historia, o distintas voces para los distintos personajes, conseguirás que el libro cobre vida.

Los libros de rimas y las canciones infantiles son muy útiles. El hecho de que sean tan previsibles puede resultarte aburrido, pero en realidad constituye una ventaja, porque ayuda a tu pequeño a memorizar las palabras y los significados.

Deja que sea él quien pase las páginas. Es posible que también quiera interactuar con el contenido inventando partes de la historia. Muchos niños parlotean con fluidez imitando la lectura si se les deja que sujeten el libro solos.

La comprensión

Mantén conversaciones sobre lo que habéis leído y haceros preguntas sobre el libro el uno al otro. Así sabrás que tu pequeño lo ha entendido, y puede relacionar lo que ocurría en el libro con sus experiencias del día a día. Quizá decida inventar otro final para la historia. Si se muestra creativo es que está interactuando con el libro.

El desarrollo de la lectura y la escritura

A muchos niños pequeños les gusta que les lean el mismo libro una y otra vez. Eso estimula el desarrollo de las habilidades relacionadas con la lectura y la escritura. Cuando vuelvas a coger su libro favorito una vez más, puedes hacer una pausa y fijarte en la cubierta, y preguntarle a tu pequeño

de qué trata. Anticipándose al placer que está por llegar, es posible que te explique lo esencial de la historia a su manera, o quizá se limite a reafirmar que de verdad le gusta mucho ese libro. Si te detienes durante la lectura y le preguntas qué ocurre a continuación, tu pequeño te ofrecerá una explicación de lo más fluida. Está recordando más que leyendo, por supuesto, pero sigue siendo un eslabón valioso en la cadena del desarrollo.

Divertíos juntos con los libros. Cuando leas una historia conocida o una rima, prueba a omitir una de las palabras. Tu pequeño no tardará en protestar y corregirte.

Las letras y las palabras

Los rompecabezas del alfabeto, las piezas de construcción y las letras magnéticas son herramientas que ayudan al pequeño a reconocer las letras. También sirve señalar palabras que podemos ver en nuestra vida cotidiana, por ejemplo en los letreros de las tiendas, en las etiquetas de los alimentos y en los nombres de las calles. Tu pequeño querrá saber asimismo cómo se deletrea su nombre. Puedes anotar su nombre en sus dibujos y en algunas de sus cosas, por ejemplo en las botas de agua.

Si tu pequeño se interesa por las palabras de la página, síguelas con el dedo mientras le lees la historia. Cuando te parezca que está preparado puedes poner una etiqueta con el nombre a algunos objetos corrientes de tu casa, como la cama, la lámpara y la mesa. Utiliza letras minúsculas porque son las primeras que debe aprender.

Disfrutar de los libros

Explica a tu pequeño que los libros son especiales. Es bueno que tenga un lugar concreto donde guardarlos, en vez de meterlos en la confusión general del baúl donde guarda los juguetes. Dale un buen ejemplo leyendo libros, revistas y periódicos. Si los adultos de una familia disfrutan leyendo libros, lo normal es que sus hijos también sientan un gran cariño por ellos.

la televisión y los ordenadores

La televisión ha introducido en las casas todo un mundo de información y entretenimiento, y ha influido en la vida de los niños de una forma que pocos imaginaban hace tan solo un par de décadas. El impacto que ejerce en el niño va mucho más allá de las horas en las que la televisión está encendida.

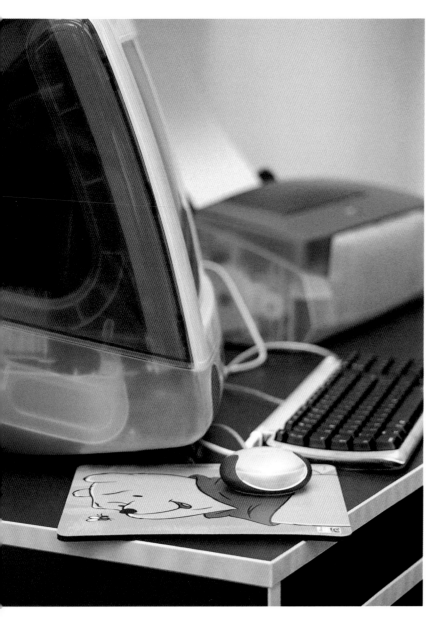

Algunas ventajas de la televisión

Es posible que a tu pequeño le encanten algunos programas de televisión en concreto. Cuando un programa está bien hecho es un placer verlo, y puede contribuir al desarrollo de un niño pequeño. Los programas juiciosos tienen algún valor educativo. No obstante, los niños aprenden sobre todo con los métodos interactivos, y ni siquiera los programas apropiados para su edad pueden considerarse interactivos. Además, el programa quizá no vaya al mismo ritmo que tu pequeño, y eso podría confundirle.

Los efectos psicológicos y emocionales

A largo plazo la televisión puede tener efectos negativos duraderos en los niños, aunque el debate sobre la naturaleza exacta de dichos efectos sigue abierto.

Algunos investigadores de Estados Unidos descubrieron que ver mucho la televisión entre el primer y el tercer año de vida implicaba un mayor riesgo de sufrir el trastorno de falta de atención. Otros estudios, sin embargo, no lo han confirmado. No obstante, existen pruebas de que los niños de entre seis y diez años que ven escenas violentas pueden acabar siendo adultos violentos.

También se ha constatado que los programas de miedo provocan pesadillas, y que los noticiarios y documentales con escenas capaces de herir la sensibilidad pueden causar estrés prolongado en espectadores de cualquier edad. Por tanto es importante controlar lo que ve el pequeño en la televisión o el ordenador.

El uso del ordenador puede crear hábito, por lo que muchos niños pasan más tiempo delante de la pantalla de lo que sus padres quisieran.

La inactividad y la obesidad

La televisión es un medio fascinante, pero es pasivo tanto física como intelectualmente. Verla en exceso puede afectar negativamente tanto el nivel de actividad como la postura del niño.

El exceso de televisión se asocia también con la obesidad, en parte porque en muchas casas mientras se ve la televisión se toma algún aperitivo. De hecho, ver la televisión es un acto tan pasivo que con él se consumen menos calorías que estando sentado sin hacer nada.

Si pasa mucho rato delante del televisor, tu pequeño dedicará menos tiempo a jugar y salir, hacer ejercicio, desarrollar sus capacidades de relacionarse y aprender el lenguaje, las matemáticas y todo lo demás.

Qué ver y cuándo ver la televisión

Un niño de dos o tres años tiene suficiente con ver media hora la televisión, un vídeo o un DVD. Si la mira durante mucho rato es posible que luego esté demasiado inquieto para concentrarse en otra actividad.

Es aconsejable que selecciones de antemano uno o dos programas que a tu pequeño le gusten y a ti también. Obviamente, si el pequeño tiene un televisor en su habitación no podrás ejercer este tipo de control.

Siempre que puedas, mirad juntos la televisión y luego comenta con él el programa. No siempre es fácil ceñirse a los programas seleccionados si ve que empieza uno nuevo en cuanto termina el acordado, pero si estás con él puedes distraerle con alguna otra actividad cuando llega el momento de apagar el televisor.

Los juegos de ordenador

Hay algunos juegos de ordenador especialmente pensados para los más pequeños, y los anuncian de un modo muy persuasivo, pero eso no los hace necesariamente buenos para tu pequeño.

Es verdad que vivimos en una era tecnológica, pero los niños no tienen por qué aprender a dominar el ordenador a tan temprana edad. Es bueno que los niños sepan lo que puede hacer un ordenador, pero cuando llegue el momento; disponen de todo el tiempo del mundo para aprender a dominar la información tecnológica y para usar un teclado. Estar sentado delante de un ordenador fomenta las malas posturas e, incluso en los más pequeños, se ha asociado con el síndrome del túnel carpiano. El uso prolongado del ordenador puede afectar asimismo la vista del pequeño.

El uso del ordenador puede crear hábito, por lo que muchos niños pasan más tiempo delante de la pantalla de lo que sus padres quisieran. Cada vez cuesta más arrancarles de la pantalla para hacer otras cosas, como jugar, relacionarse e interactuar en general con el mundo real. Hay algunos que incluso se niegan a parar para comer y darse un baño, y se convierten en solitarios virtuales.

Valor educativo

Las personas que están a favor de los ordenadores para los más pequeños mantienen que los juegos de ordenador pueden ser educativos. No hay duda de que pueden ayudar al niño a desarrollar la discriminación visual, la coordinación muscular y la velocidad de reacción.

Los juegos son más interactivos que la televisión y los vídeos. Pero más que ejercitar la imaginación del pequeño, lo que hacen es utilizar las habilidades de los programadores de juegos. Si orientas a tu pequeño para que haga un uso selectivo de los juegos de ordenador, lo más seguro es que no le perjudiquen y que incluso tengan algún efecto positivo; pero piensa que hay mejores formas de potenciar el desarrollo de tu pequeño.

el dominio del movimiento

Ahora tu pequeño controla mejor su cuerpo y adapta los movimientos y los esfuerzos a cada tarea. Algunas de sus acciones son prácticamente automáticas, pero otras requieren su iniciativa. Su pensamiento le permite abordar tareas más complejas, y puede planificar bien cada nueva aventura.

Preparado para el futuro

Tu hijo dedica gran parte de su tiempo a perfeccionar y disfrutar de las actividades físicas. El ejercicio diario contribuye al desarrollo general de tu pequeño y ayuda a que duerma bien por la noche. Igual de importante es el hecho de que tu pequeño está adquiriendo buenos hábitos para el futuro. Su estilo de vida actual tendrá consecuencias a largo plazo sobre su corazón, sus huesos y su cerebro, por ejemplo.

Un buen equilibrio

El movimiento es natural, y la curiosidad innata de los niños constituye un importante estímulo para hacer cosas. La mayor parte del tiempo tu pequeño se mantendrá activo sin que le tengas que incentivar. Tú eres en todo caso el que estará agotado al finalizar el día. Sin embargo, no todos los niños son físicamente activos. Si dispone de muchas distracciones sedentarias, por ejemplo, es posible que tu pequeño no sea tan activo como debería. Depende de los padres conseguir el equilibrio entre las actividades físicas y las menos físicas.

Lo mejor es dar buen ejemplo, de modo que divertíos haciendo cosas juntos, ya sea yendo al parque, organizando un picnic o recogiendo hojas secas.

El desarrollo motor

La fuerza y la coordinación de tu pequeño son ahora muy buenas. A los dos años y medio anda bien, balanceando los brazos como un adulto. Casi nunca se cae, por muy distraído que esté. Alrededor de los tres años corre bien, puede cambiar de dirección a medio camino y sabe saltar, aunque suele hacerlo con los dos pies juntos. Tu pequeño experimenta con nuevos movimientos y perfecciona los ya conocidos, combinándolos de formas nuevas.

Las carreteras y otros peligros

Su intensa curiosidad puede llevarle a veces a buscar más allá de lo que sería deseable, por ejemplo, en el parque, de modo que debes estar pendiente de él. No ve el peligro. No obstante, ahora que su memoria está más desarrollada, puedes empezar a enseñarle los aspectos básicos sobre seguridad vial. Tardará mucho en poder cruzar solo; tiene que hacerlo cogido de tu mano, pero ya es capaz de entender algunas explicaciones sobre el tráfico, los semáforos y los pasos de cebra. Esta debe ser la información básica que más adelante le permita aprender todo lo relacionado con el tráfico y las carreteras.

Gracias a su capacidad de observación, es capaz asimismo de entender cosas como que puede haber hojas resbaladizas sobre el pavimento, que un tobogán puede ser inseguro, etcétera, aunque la teoría no es lo mismo que la práctica, y es posible que no se resista a la atracción del peligro.

Tu pequeño experimenta con nuevos movimientos y perfecciona y combina los ya conocidos.

La habilidad con el balón

A los dos años tu pequeño probablemente sabrá chutar la pelota sin perder el equilibrio, pero durante algún tiempo su puntería será muy mala. Lanza y coge la pelota con los brazos rígidos, pero se lo pasa bien jugando con el balón y, a base de practicar, al final aprenderá.

Al igual que cuando era más pequeño, los movimientos que no le salen bien le sirven para aprender cosas, siempre que no se desanime.

Cada niño es un mundo, pero en general a los chicos les gusta más jugar a pelota que a las chicas. Eso es en parte innato y en parte cultural. En cualquier caso, es bueno que juegues a la pelota con tu hija. Recuerda que el entusiasmo se contagia, si tú te diviertes, ella se divertirá.

Nadar y jugar en el agua

A los niños pequeños les encanta el agua. En ella flotan y eso hace que los movimientos parezcan diferentes; además, tu pequeño ejercita algunos músculos distintos de los que usa cuando está en tierra firme. Con unas cuantas clases sabrá nadar igual de bien que tú.

En cuanto sepa nadar, tu pequeño disfrutará mucho y se sentirá más seguro en el agua. Sin embargo, la experiencia de meterse en una piscina templada no tiene nada que ver con la de zambullirse en un canal helado. Así pues, no puedes fiarte de que lo aprendido en las clases de natación le sirva para sobrevivir en caso de caer accidentalmente al agua.

El lenguaje del movimiento

Prácticamente todas las habilidades de tu pequeño están interrelacionadas. Su recién desarrollado control del movimiento amplía su comprensión del mundo, y también su vocabulario. Hablar con tu pequeño sobre las actividades, antes, durante y después de desarrollarlas, le ayuda a planificar y a dominar las palabras.

el aprendizaje del trato social

El córtex orbitofronal del cerebro madura mucho durante el tercer año de vida. En esta etapa de desarrollo tu pequeño adquiere nuevas habilidades y percepciones que determinan su comportamiento social. Cuando no sepa cómo reaccionar, se guía por ti o por otros adultos en los que confíe.

Tu pequeño y los demás

A los tres años, tu pequeño habrá adquirido una idea clara de sí mismo en relación con las personas que le rodean. Disfrutará hablando de otros miembros de la familia, como sus tías y sus tíos, y de su relación consigo mismo y con los demás. Si potencias este interés por la familia y por pertenecer a ella, le ayudarás a sentirse más seguro.

Al iniciar su tercer año de vida, tu pequeño es muy egocéntrico, pero eso empieza a cambiar al acercarse a su tercer cumpleaños. Empieza a interesarse por lo que los demás piensan y sienten, especialmente si tiene una relación estrecha con ellos. A veces observa tu expresión facial para saber cómo debe comportarse.

Los desconocidos le parecen también interesantes. Tu pequeño puede especular acerca de lo que hacen, piensan o sienten. Si os encontráis con un grupo de gente que está esperando el autobús, podéis hablar sobre lo que deben estar pensando, y sobre cómo se sentirán si resulta que cuando llegue el autobús está demasiado lleno para que puedan subir.

Tu pequeño ya no es tímido, y puede entablar conversaciones con desconocidos. Por su propia seguridad es aconsejable que le expliques que no debe hablar con otras personas a las que no conozca, a menos que tú estés con él.

Conocimientos cada vez mayores

A los tres años la mayoría de niños son capaces de comprender el punto de vista de otro y de responder a su dolor. Las niñas suelen hacerlo más fácilmente que los niños. Si alabas a tu pequeño por su comportamiento considerado, es más fácil que se comporte de ese modo la próxima vez.

Por naturaleza, los niños se interesan por otros niños, y eso incluye a los bebés. Saben de forma instintiva que a los bebés les gustan las voces suaves y agudas y las palabras repetitivas y sencillas. Más o menos a esta edad tu pequeño estará preparado para juntarse y jugar con otros niños durante períodos de tiempo más largos, para hacer verdaderos amigos fuera del entorno familiar.

Ser amable y aprender a compartir

La amabilidad nos permite llevarnos mejor. Es lo que nos ayuda a sentirnos unidos, por el bien de todos. Los adultos lo saben, pero para los niños la amabilidad no es un rasgo completamente natural; además, al principio les parece que no recibes una gran recompensa por ser amable. Quizá esa es la razón por la que los pequeños varían tanto.

No obstante, alrededor de los tres años, la mayoría de niños son capaces de mostrarse considerados con los demás. Tu pequeño puede, por ejemplo, compartir sus juguetes con otro niño sin que tú se lo digas. No obstante, no debemos esperar que lo comparta todo, así que, si va a venir algún amiguito a casa, es mejor que guardemos sus juguetes preferidos y aquello que no esté dispuesto a compartir.

Tu pequeño ya es lo suficientemente maduro para guardar turno. Eso le permite jugar a muchos juegos distintos. No esperes demasiado de él, pero aprovecha cualquier ocasión en la que esté de humor para respetar el turno.

A medida que se acerca a su tercer cumpleaños tu pequeño se mostrará más maduro y será lo suficientemente considerado para colaborar en los cuidados de un animal. Si tienes alguna mascota es posible que entienda que esta puede hacerse daño más fácilmente que él. Deja que asuma alguna responsabilidad, pero no demasiada; permítele, por ejemplo, cambiar el agua de su cuenco o darle al gato un platito con la comida. Pero vigila de cerca. A esta edad los niños pueden ser torpes e impulsivos, y podría hacer daño a la mascota sin querer.

Las groserías y el mal comportamiento

A esta edad los niños pueden ofender sin pretenderlo. Explícale que es de mala educación señalar a alguien o levantarse de la mesa sin pedir permiso. Debes dejar claro que es su comportamiento lo que podría ser mejor y que no es que él sea malo. No le critiques duramente, y felicítale cuando haga algo bien.

Hazle sentirse mayor dejándole participar en tareas domésticas sencillas o elegir un regalo para su abuelo. De ese modo se sentirá valorado y tendrá más autoestima, algo que le incitará a hacer cosas más importantes.

El amor y los abrazos

Además de hablar de los sentimientos de los demás, asegúrate de que tu pequeño tiene claro cuáles son tus sentimientos hacia él. Demuéstrale tu cariño dándole abrazos con frecuencia y diciéndole que le quieres. Nunca está de más decírselo. Recuerda que, para tu pequeño, tu amor es mucho más importante que cualquier otra cosa que puedas darle.

el sexo y el género

A esta edad tu pequeño es consciente de su género y es posible que proclame a los cuatro vientos que es un niño o una niña. Incluso un bebé de diez meses sabe algo acerca del género. Los estudios demuestran que pasan más tiempo mirando fotos de bebés del mismo sexo que de bebés del sexo opuesto.

Las diferencias entre los sexos

Hay más diferencias además de las puramente anatómicas. Al año, a los chicos ya les gustan los juguetes ruidosos y los juegos de aventuras más que a las chicas. A los tres años los niños lloran menos y muestran menos gestos íntimos que las niñas. Exploran más y son más escandalosos. Tienen una mejor noción del espacio, que les permite un mayor dominio del balón. Las niñas empiezan a hablar antes y también suelen andar y controlar los esfínteres antes. Son más tranquilas y graciosas que los niños, y se muestran más pacientes y dispuestas a cooperar.

Las razones

Existen diferencias estructurales entre los cerebros de las mujeres y de los hombres que podrían deberse a la acción de la hormona masculina testosterona, que influye en el

cerebro durante su crecimiento, al igual que en otros órganos. Pero existen otras razones. Los padres no tratan igual a los niños que a las niñas. Las madres hablan más con las hijas y las abrazan más. Incluso cuando son muy pequeños, solemos alabar a los niños por su valentía, mientras que las niñas reciben elogios por ser bonitas. Como padres, reaccionamos de acuerdo con el sexo de nuestro bebé, pero también creamos otras diferencias debido la interacción entre los genes y el entorno.

El descubrimiento de los genitales y la masturbación

Alrededor de los dos años y medio, los niños empiezan a interesarse por sus genitales. Parece ser la consecuencia lógica de haber aprendido a controlar los esfínteres, algo que requiere ser consciente de las sensaciones que se tienen en la zona genital. Dado que el pene sobresale, los genitales masculinos atraen más la atención, pero las niñas y sus compañeras de juego se sienten igualmente fascinadas por sus partes íntimas. Los niños a veces se enseñan los genitales los unos a los otros de un modo completamente inocente y natural. No hay por qué preocuparse.

Los niños de ambos sexos se tocan los genitales porque es su forma de explorarlos, y algunos juegan con ellos más que otros. Si tu hijo se masturba en casa, no hagas nada. Si lo hace en público, distráele con algo más interesante. Eso suele funcionar porque los niños se masturban más cuando están aburridos. No tienes por qué castigarle ni por qué decirle que es algo feo o desagradable. Lo único que conseguirás regañándole es que se sienta peor.

EVITA LOS ESTEREOTIPOS RELACIONADOS CON EL SEXO

Por mucho que los padres lo intenten, es imposible evitar todos los estereotipos relacionados con el sexo, porque el niño recibe muchas influencias. En cualquier caso, puedes guiar las experiencias de tu hijo para evitar los efectos negativos de muchos de los estereotipos.

Si tienes un hijo Abrázale y anímale a expresar las emociones. Es normal que un niño llore cuando se hace daño. Habla con él de temas abstractos y emocionales. Cuando leáis juntos, pregúntale qué cree que piensa o siente determinado personaje. Ayúdale a jugar de forma prolongada para que desarrolle su capacidad de concentración. Enséñale a respetar el turno en los juegos. También debe dedicar parte de su tiempo a realizar actividades tranquilas.

Si tienes una hija Potencia sus puntos fuertes. Anímala a jugar a juegos físicos. Quizá no sienta el mismo entusiasmo por el fútbol que un niño, pero puede pasárselo bien igualmente. Ponle ropa cómoda. Deja que juegue con formas, rompecabezas y juegos de construcción; muchas veces las niñas no tienen la oportunidad de hacerlo, especialmente de pequeñas. Léele libros en los que aparezcan niñas y mujeres que triunfan. Quizá no quiera ser piloto o presidenta de mayor, pero es importante que le inculques una actitud positiva y dinámica.

el parvulario y la guardería

La educación preescolar en una guardería o parvulario proporciona a tu pequeño un entorno nuevo en el que practicar lo que ha aprendido. Allí también madurará, intelectual, emocional y socialmente.

Cuándo está preparado el niño

No todos los niños están preparados para ir a la guardería o al parvulario a la misma edad. Si le mandamos demasiado pronto, la experiencia puede superarle y no podrá sacarle partido. En general, tu pequeño estará listo cuando pueda comunicarse bien y sea lo bastante autosuficiente para estar lejos de ti durante breves períodos de tiempo. Si sigue siendo dependiente y está muy pegado a ti, espera un poco más. También puedes retrasarlo si ha tenido un hermanito, ya que es posible que prefiera estar cerca de ti.

Si tienes dudas, pregunta si puede ir un par de días de prueba para ver qué tal le va antes de decidir llevarle todos los días.

Es mejor que sepa ir al lavabo solo. Muchas guarderías rechazan a los niños que aún llevan pañales. Por esa razón, y también por su mayor madurez emocional, las niñas suelen estar preparadas para la guardería antes que los niños.

La elección de la guardería o parvulario

Los parvularios suelen estar más estructurados y suelen pertenecer a un colegio de primaria. Las guarderías son menos formales y pueden variar mucho de unas a otras, de modo que vale la pena informarse bien acerca de las que hay en la zona donde vives. Visita varios centros con tiempo, ya que los mejores suelen quedarse sin plazas enseguida.

Utiliza tu instinto. Fíjate en la atmósfera, el espacio físico, el equipamiento y en si los niños que hay parecen contentos. Lo ideal es que los pequeños estén absortos y contentos, en vez de aburridos o desmandados.

Cuando vayas a ver una guardería debes informarte sobre los aspectos básicos, como el horario y el precio, y preguntar cosas como:

◆ ¿Cuántos niños hay por cada adulto, y cuál es el nivel de supervisión?

◆ ¿Cómo se estructuran las actividades?

◆ ¿Se adaptan las actividades a la edad del niño? ¿Tratan igual a los niños que a las niñas?

◆ ¿Cómo actúan ante el mal comportamiento?

◆ ¿Se espera la colaboración de los padres? Si es así, ¿hay algún sistema de rotación?

Prepara a tu pequeño

Lleva a tu hijo a ver la guardería. Explícale cuándo va a empezar, pero no le des muchos detalles al respecto, ya que podrías confundirle o amedrentarlo. Antes de llevarle asegúrate de que es capaz de ponerse y quitarse los zapatos él solo, y de que puede ir al baño sin necesidad de mucha ayuda. Si tu pequeño tiene algún juguete o peluche preferido, tranquilízale diciéndole que podrá llevárselo a la guardería si él quiere.

El inicio de la guardería

La primera mañana, aunque puede ser que tan solo vaya un par de horas, es un momento significativo en la vida de tu pequeño. Además de coger su juguete preferido, lleva una bolsa con una muda completa de ropa, por si acaso. Los percances son muy corrientes, sobre todo al principio.

Tu pequeño debería ir a la guardería solo parte de la jornada durante una o dos semanas, para acostumbrarse a la nueva situación. Los primeros días puedes quedarte con él si lo deseas, pero intenta permanecer en un segundo plano en vez de estar a su lado todo el tiempo. Cuando te vayas, dile siempre adiós y explícale que volverás más tarde. Aunque al principio es normal que llore, se le pasará enseguida y muy pronto tu hijo estará disfrutando al máximo de esta etapa nueva y excitante de su desarrollo.

créditos de las fotografías

Clave:

   a = arriba   i = izquierda

   ab = abajo   c = centro

   d = derecha

Todas las fotografías son de Daniel Pangbourne a menos que se especifique lo contrario.

Pp. 5 y 6 i Winfried Heinze; 11 Dan Duchars; p. 25 Debi Treloar; p. 26 Winfried Heinze; p. 27 a Debi Treloar; p. 27 ab Ian Wallace; p. 28 © Stockbyte; p. 32 d Polly Wreford; p. 34 Winfried Heinze; p. 35 © Stockbyte; p. 36 Dan Duchars; p. 39 f Winfried Heinze; p. 41 © Stockbyte; pp. 42-43 Polly Wreford; pp. 44-47 Dan Duchars; p. 49 Polly Wreford; p. 50 © Stockbyte; p. 52 d Winfried Heinze; p. 55 ambas Winfried Heinze; pp. 58 y 59 a © Stockbyte; p. 59 ab Dan Duchars; p. 65 a Winfried Heinze; p. 65 ab Debi Treloar; p. 78 Claire Richardson; p. 88 Debi Treloar/casa de Julia & David O'Driscoll en Londres; p. 89 a Debi Treloar; pp. 90-91 © Stockbyte; p. 96 i Winfried Heinze; p. 101 d Winfried Heinze/dormitorio de Apple Lydon, de Kate Lydon Interiors, kalershankey@aol.com; p. 103 Winfried Heinze/hogar de una familia de Nueva York diseñado por Susan Johnson, de Blue Bench, www.bluebenchnyc.com; p. 110 a Winfried Heinze; p. 110 ab Winfried Heinze/casa de Sophie Eadie en Londres, The New England Shutter Company, www.tnesc.co.uk; p. 118 Polly Wreford; p. 122 Debi Treloar; p. 123 Winfried Heinze/casa familiar en Brighton, SILENCE creative research design company, www.silence.co.uk; p. 126 Winfried Heinze/casa de Sophie Eadie en Londres, The New England Shutter Company, www.tnesc.co.uk; pp. 127 y 128 Debi Treloar; p. 131 Winfried Heinze/dormitorio de Apple Lydon, Kate Lydon Interiors, kalershankey@aol.com; pp. 132, 136 y 137 Polly Wreford.

agradecimientos

Los editores desean dar las gracias a todos los bebés y los padres que hicieron de modelos para nosotros, sobre todo por su paciencia durante las sesiones fotográficas. Nuestro agradecimiento también a Daisy y Tom, juguetes Holtz, Jojo Maman Bebe y Mothercare, por suministrarnos los juguetes y la ropa.

La autora quisiera dar las gracias a Henrietta Heald, de Ryland, Peters & Small, y a Catherine Clarke, de la agencia literaria Felicity Bryan, ambas enormemente sabias; y a Clare Meadows Atherton, de la guardería First Steps, en Bramhope, West Yorkshire, por sus sugerentes ideas.

direcciones

INSTITUCIONES, FUNDACIONES Y ASOCIACIONES

Seguridad Social

www.seg-social.es

Para realizar cualquier tipo de consulta sobre las prestaciones de maternidad y paternidad o las prestaciones a las familias. En su página web se pueden, encontrar, además, modelos de los formularios para imprimir o rellenarlos en línea.

Ministerio de Trabajo y Asuntos Sociales

www.mtas.es

La página web del Ministerio de Trabajo y Asuntos Sociales proporciona datos estadísticos e información acerca de las ayudas sociales a la familia así como programas en funcionamiento. Interesante apartado con enlaces a asociaciones, ONGs y fundaciones.

Federación Española de Familias Numerosas

www.familiasnumerosas.org

Página web de la Federación Española de Familias Numerosas (FEFN) que agrupa a más de 40 asociaciones repartidas por toda España con el fin de conseguir un mayor reconocimiento social y protección para estas familias.

Federación de Asociaciones de Mujeres separadas y divorciadas

www.separadasydivorciadas.org

Esta asociación ofrece asesoramiento jurídico y atención psicológica durante el proceso de separación y divorcio.

Fundación + familia

www.masfamilia.org

Esta fundación es una organización privada, independiente y sin ánimo de lucro, creada para aportar soluciones innovadoras y profesionales para la protección y apoyo de la familia, y especialmente aquellas con dependencias (menores, mayores, personas con discapacidad, etc.) en su seno.

UNICEF

www.unicef.es

Para conocer a fondo el trabajo de UNICEF en España y en el mundo, y el modo de colaborar con esta organización.

SALUD

Asociación Española de Pediatría

www.aeped.es

Ofrece, entre otros, una guía con recomendaciones sobre la lactancia materna, información sobre nutrición, vacunas recomendadas así como sobre la muerte súbita del lactante.

Liga de la Leche

www.laligadelaleche.es

La Liga de la Leche es una organización internacional no gubernamental sin ánimo de lucro, que ofrece información y apoyo a las madres que desean amamantar a sus hijos.

Asociación Nacional de Educación Prenatal

www.anep.org.es

La Asociación Nacional de Educación Prenatal (ANEP) es una entidad sin ánimo de lucro constituida en 1988 que tiene como objetivo recoger y difundir la información relacionada con la vida prenatal, a fin de permitir a los padres mejorar y armonizar el desarrollo físico y psíquico de sus futuros hijos.

Asociación Española de Masaje Infantil

www.masajeinfantilaemi.org

La Asociación Española de Masaje Infantil (AEMI) es una organización sin ánimo de lucro que se dedica a promover los beneficios del masaje infantil tanto para los niños como para sus padres y madres.

ESTIMULACIÓN TEMPRANA

www.crianzanatural.com

Página web con artículos sobre la estimulación temprana de los bebés, entre otros.

Instituto para el Logro del Potencial Humano
www.iahp.org
Página web de la institución creada por Glenn Doman para el desarrollo del potencial intelectual. Existe una traducción al castellano y se ofrecen cursos sobre el desarrollo de la inteligencia del bebé.

www.estimulacionydesarrollo.blogspot.com
Blog con artículos relacionados con la estimulación temprana y el desarrollo neurológico infantil.

www.reeduca.com
Ofrecen cursos sobre estimulación temprana y la prevención e intervención en trastornos psicológicos de la infancia y adolescencia.

www.vegakids.es
Programas para niños, padres y educadores basados en el método de Glenn Doman.

www.solohijos.com
Ofrece información sobre el aprendizaje infantil y la estimulación temprana.

www.educoweb.com
Múltiples enlaces a otras páginas web relacionadas con la educación infantil.

OTROS LIBROS PUBLICADOS POR LA EDITORIAL

Concepción, embarazo y parto
Dra. Miriam Stoppard

El nuevo libro del embarazo y nacimiento
Dra. Miriam Stoppard

La biblia del embarazo
Dra. Anne Deans

Cómo obtener lo mejor de tus hijos
Tim Seldin

Estoy embarazada. ¿Qué debo hacer?
C. Lees / K. Reynolds / G. Mccartan

Guía para el cuidado de tu hijo
Dra. Miriam Stoppard

Niños: manual de instrucciones
Dra. Bonnie Macmillan

Ideas divertidas para jugar y aprender
Dra. Dorothy Einon

índice

agradecimientos

Los editores desean dar las gracias a todos los bebés y los padres que hicieron de modelos para nosotros, sobre todo por su paciencia durante las sesiones fotográficas. Nuestro agradecimiento también a Daisy y Tom, juguetes Holtz, Jojo Maman Bebe y Mothercare, por suministrarnos los juguetes y la ropa.

La autora quisiera dar las gracias a Henrietta Heald, de Ryland, Peters & Small, y a Catherine Clarke, de la agencia literaria Felicity Bryan, ambas enormemente sabias; y a Clare Meadows Atherton, de la guardería First Steps, en Bramhope, West Yorkshire, por sus sugerentes ideas.